Conviértete en la mejor versión de ti mismo

La Ley de la Atracción explicada a través de la neurociencia y la sabiduría ancestral

Natasha Graziano

Conviértete en la mejor versión de ti mismo

La Ley de la Atracción explicada a través de la neurociencia y la sabiduría ancestral

EDICIONES OBELISCO

Si este libro le ha interesado y desea que le mantengamos informado
de nuestras publicaciones, escríbanos indicándonos qué temas son de su interés
(Astrología, Autoayuda, Psicología, Artes Marciales, Naturismo,
Espiritualidad, Tradición…) y gustosamente le complaceremos.

Puede consultar nuestro catálogo en www.edicionesobelisco.com

Colección Psicología-Autoayuda
Conviértete en la mejor versión de ti mismo
Natasha Graziano

1.ª edición: enero 2024

Título original: *Be It Until You Become It. The Law of Attraction Explained
Through Neurosciencie and Ancient Wisdom*

Traducción: *Daniel Aldea*
Corrección: *M.ª Jesús Rodríguez*
Diseño de cubierta: *Enrique Iborra*

© 2022, Natasha Graziano
Publicado por acuerdo con Waterside Productions,
a través de International Editors & Yáñez Co'S.L.
(Reservados todos los derechos)
© 2024, Ediciones Obelisco, S. L.
(Reservados los derechos para la presente edición)

Edita: Ediciones Obelisco, S. L.
Collita, 23-25. Pol. Ind. Molí de la Bastida
08191 Rubí - Barcelona - España
Tel. 93 309 85 25
E-mail: info@edicionesobelisco.com

ISBN: 978-84-1172-099-1
DL B 22140-2023

Impreso en los talleres gráficos de Romanyà/Valls S. A.
Verdaguer, 1 - 08786 Capellades - Barcelona

Printed in Spain

Este libro te lo dedico a ti, lector.
Tú eres, con la ayuda del Universo, el creador de tu propia realidad,
capaz de atraer como un imán nuevas posibilidades, personas,
circunstancias y lugares.

También me gustaría dedicárselo a mi hijo, Rio.
Gracias por ser la inspiración que me empuja a levantarme
todos los días para ser un modelo y una madre para ti,
incluso en los momentos más oscuros.
Gracias a ti, encontré mi misión en la vida:
ayudar a la humanidad a liberar y alcanzar todo su potencial.

El futuro aún no está escrito, está en tus manos…

Cómo descubrí el secreto perdido de la Ley de la Atracción

El año 2017 fue el peor de mi vida. Todo mi mundo se vino abajo. Terminé postrada en una cama por culpa de una enfermedad mientras la ansiedad crónica me consumía la mente. Unos años antes, concretamente en 2013, tras ser víctima de un traumático caso de abusos sexuales, la adicción a las drogas me llevó a trabajar de chica webcam para poder mantener un estilo de vida y unas adicciones insostenibles. Abusé hasta tal punto de mi cuerpo que incluso llegué a perderme a mí misma en el proceso. Lo cierto es que no recuerdo la mitad de las cosas que hice en aquel entonces porque la mayor parte del tiempo estaba drogada.

A causa de las malas decisiones, poco tiempo después terminé siendo una madre soltera arruinada y sin casa.

Después de perder todo el dinero que tenía y encontrarme en la calle, me di cuenta de que no estaba prestando atención a lo que el Universo intentaba decirme. Cuando lo pierdes todo y estás arruinada económica, emocional, espiritual y mentalmente, el único lugar donde puedes encontrar respuestas es dentro de ti. Fuera ya no quedaba nada que mereciera la pena ver. Lo había perdido todo.

Sin embargo, en el oscuro abismo del dolor y el sufrimiento fue precisamente donde encontré mi propósito vital.

Estaba convencida de que si descubría cómo presionar el botón de reinicio y me recuperaba usando todo lo que había aprendido, sería capaz de volver a brillar con intensidad. Me sentiría más empoderada que nunca.

Tenía un mensaje importante que transmitir al mundo. Quería que mis conocimientos sobre la sanación y la manifestación se hicieran virales. Quería que todo el mundo descubriera que ellos también pueden elevarse por encima de las restrictivas construcciones mentales que impiden a millones de personas alcanzar su auténtico propósito, independientemente de cuál sea éste: riqueza, salud, felicidad, éxito, amor… Y así es cómo nació mi nueva misión en la vida. No pararía hasta que la gente escuchara lo que tenía que decirles. Porque por fin había descubierto cuál era el secreto para hacer realidad mis sueños: primero debía encarnar la versión de mí misma en la que deseaba convertirme. La transformación, sin embargo, debía ser integral, incluyendo tanto mi mente como mi cuerpo o mis hábitos.

El secreto se me ocurrió por primera vez frente al espejo después de un largo vuelo. La verdad es que estaba viva de milagro. Por aquel entonces estaba tomando una medicación muy fuerte para el corazón, así que los riesgos para mi salud eran altísimos, lo que se unía a la depresión crónica que sufría. Recuerdo que me quedé mirando fijamente mi propio reflejo en el espejo del baño del hotel mientras sollozaba por culpa tanto del dolor físico como del emocional. Estaba dispuesta a dejar este mundo. Las lágrimas me corrían por las mejillas y me costaba respirar. Era incapaz de contener las lágrimas. Sabía que necesitaba desesperadamente algo que me ayudara a sobrellevar el dolor y lidiar con el tsunami de emociones que amenazaban con dominar mi realidad interior. Fue en ese preciso instante cuando supe que no podía seguir por aquel camino. Debía encontrar una cura. De hecho, comprendí que debía transformar mi adversidad en mi cura. Y, mientras me dejaba llevar por el momento, un destello de luz me iluminó la mente.

Mi primer impulso fue buscar ayuda en Internet. Me topé con los vídeos motivacionales de Denzel Washington e inmediatamente empecé a escucharlos una y otra vez hasta que sus palabras impregnaron mi alma. Mientras lo hacían, me fui acercando lentamente al espejo hasta quedar prácticamente pegada a él. Me miré larga, directamente a los ojos y vi mi alma por primera vez.

Cuando te miras a los ojos en el espejo, descubres el abismo de tu alma y reconoces la inmensidad de todo tu ser, todas tus virtudes y debilidades. Con las lágrimas aún resbalándome por las mejillas, empecé a recitarle a mi alma palabras de aliento y esperanza que reavivaron el fuego de mi auténtica esencia. Recargada de una energía que apenas era capaz de comprender, dirigí poderosas palabras a mi reflejo: «Estás curada, pero es algo temporal. No eres la situación que estás viviendo en estos momentos, ni tampoco lo que estás destinada a hacer. Éste no es tu destino. *Estás* destinada a otra cosa. Estás en este mundo para alcanzar la excelencia y para ayudar a los demás. No es momento de atenuar tu luz, sino de brillar con más fuerza».

El destello de luz que percibí la primera vez que me dejé llevar empezó a brillar y resplandecer como una brújula, señalándome mi propósito vital. En aquel instante comprendí que, sea cual sea la situación en la que te encuentres, todos los días verás un destello de luz, aunque sea tan débil como la de una vela. Y si te concentras en esa luz, encontrarás el camino que se aleja de la oscuridad y que puede guiarte hacia la felicidad duradera.

Canalicé el mensaje al comprender de repente que el Universo siempre me proporcionaría una luz para guiar mi camino. Poderosas energías se fusionaron con mi ser y recibí el mensaje más poderoso de todos. Hablando con una claridad y una franqueza tales que las palabras parecían brotar de mi interior, me dije: «Vas a convertirte en oradora motivacional y *coach* emocional y vas a orientar a otras personas».

Mientras pronunciaba estas palabras, me dije a mí misma: «¿Yo, oradora? ¿Yo, *coach* emocional? Pero si apenas puedo hablar con la gente, ¿cómo quieres que me ponga a hablar desde un escenario?». Sin embargo, el mensaje había sido claro y explícito. No entendí la razón hasta mucho más tarde.

Cuando ahora echo la vista atrás, casi no puedo creer que pocos años después me dedique a dar conferencias desde los escenarios más importantes del mundo junto a algunas de las personas más inspiradoras e influyentes que existen. He tenido la oportunidad de compartir escenario, tanto de forma presencial como en línea, con gente de la talla de Tony Robbins, Marc Randolph (cofundador de Netflix), Jesse Itzler, Jim Kwik, Dan Fleyshman, Mark Cuban, Daymond John y algunos de los coautores de *El secreto,* uno de mis libros favoritos de todos los tiempos. Incluso he podido colaborar con algunos de estos grandes instructores personales, lo que nos ha permitido alinear nuestros objetivos para tener un impacto aún más profundo en el mundo.

Cuando echas la vista atrás y analizas alguno de los acontecimientos de tu vida, siempre ves una luz, una lección y una razón detrás de los desafíos que has tenido que superar. Aunque, a veces, los desafíos a los que debemos enfrentarnos pueden resultar dolorosos, cuando los analizamos retrospectivamente nos damos cuenta de que todas nuestras experiencias nos ayudan a seguir avanzando en el viaje de nuestra alma. Estamos donde estamos y somos quienes somos gracias a esas experiencias.

Al escuchar las palabras de Denzel Washington, al predicar ante mi propio reflejo en el espejo, al incorporar nuevas creencias positivas, sentí cómo la luz del entendimiento se derramaba sobre mí. Da igual que algunas de las cosas que me dije a mí misma en aquel momento no fueran ciertas. Lo único importante es que estuviera convencida de que lo eran.

La crisis se convirtió en la solución.

Y el secreto de *Conviértete en la mejor versión de ti mismo* es precisamente ése: encarnar la versión de ti mismo que deseas ser antes de convertirte realmente en ella. En este libro abordaré esta cuestión en detalle a través de un proceso en cinco pasos que combina neurociencia, sabiduría ancestral y un famoso método de mi propia cosecha denominado Sincronicidad Meditativa Conductual (SMC). Cuando peor lo estaba pasando, encontré el secreto de la Ley de la Atracción, un secreto que compartiré contigo a lo largo de las páginas del libro que tienes ahora mismo en las manos.

A partir de entonces, comprendí que todos disponemos de un potencial ilimitado para tener, ser y hacer *cualquier cosa* que deseemos. Lo único que debemos hacer es confiar en nuestro propio poder creativo, dominar las herramientas para poder cultivarlo y creer que todo es posible. Yo me merecía una segunda oportunidad. Todos nos la merecemos. Como sabía lo que había hecho mal, en qué había fallado a los demás y a mí misma, decidí que era mi deber ayudar a otras personas a que no cometieran los mismos errores. Me di cuenta de que había llegado el momento de encarnar a la persona que merecía ser antes de convertirme en ella.

Durante mi proceso curativo, o si lo prefieres, durante mi «renacimiento», dediqué una gran cantidad de tiempo a explorar diferentes prácticas, como la meditación, la respiración e incluso la exposición al frío. (En mi primer libro, *The Action Plan*, escribí sobre el poder de estas prácticas y su capacidad para mejorar nuestra vida). Gracias a aquel año de sufrimiento, despertar y sanación aprendí que no podía perder el tiempo. No quería posponer durante años el proceso de sanación que me permitiría recuperar todo el dinero que había perdido y proporcionarle a mi hijo, pero también a mí misma, una vida digna. En pocas palabras, necesitaba un milagro, y lo necesitaba rápido. No quería recuperarme para volver a ser una chica normal; quería ser más fuerte y poderosa que nunca, y enseñar a los demás que ellos también podían serlo.

Mi vida dio un giro radical cuando empecé a combinar prácticas ancestrales milenarias con la neurociencia, algo que no habría sido posible sin los grandes avances tecnológicos de los últimos cincuenta años. *Eso* me cambió la vida completamente. Recuerdo perfectamente la sensación que me embargó. Era como volver a respirar, como si me hubiera quitado un enorme peso de encima, una pesada carga. Nunca imaginé que el método que había descubierto y desarrollado iba a ayudar a tanta gente de todo el mundo. Jamás pensé que pudiera llegar a ser un método tan poderoso para otras personas como lo había sido para mí, y cada día recibo una lección de humildad al descubrir a toda la gente que ha sido capaz de transformar su vida gracias a él.

En un corto espacio de tiempo, pasé de estar arruinada a ganar mi primer millón de dólares. De estar enferma a sentirme vibrante, de estar perdida a sentirme centrada y motivada, de estar deprimida a sentirme segura de mí misma. Pasé de ser madre soltera a casarme con mi alma gemela, de no tener donde caerme muerta y vivir con mi hijo en el sótano de la casa de mis padres a vivir en casas de ensueño en varias partes del mundo. Resulta abrumador recordar todo lo que he vivido y darme cuenta de hasta dónde he llegado. Pese a ser dos experiencias completamente opuestas, ambas forman parte de la historia que me ha traído hasta el punto donde me encuentro en estos momentos. Estoy segura de que, sin esas experiencias dolorosas, no habría conseguido llegar hasta aquí. Espero que la historia de cómo logré convertirme en la persona que soy ahora te ayude a aprender de mis errores y descubras a través de ella cómo mejorar tu vida y llenarla de felicidad y abundancia.

¿Quieres saber cuál es el ingrediente secreto de esta transformación radical? El método en cuestión se denomina *Sincronicidad Meditativa Conductual* (SMC). A lo largo de las páginas de este libro te contaré más detalles sobre él para que tú también puedas beneficiarte de este secreto y atraer a tu vida todo aquello que deseas. El método combina técnicas, prácticas y herramientas muy poderosas que te ayudarán a desbloquear tu potencial y mejorar tu vida, tal y como hice yo. Hay quien lo ha calificado como tres años de terapia en quince minutos. Más adelante profundizaremos en los principios y orígenes del método de la SMC.

Si estás leyendo estas líneas, es posible que esperes algo más de tu vida. Tal vez te sientas estancada, como me sentía yo, estés pasando por dificultades o te enfrentes a ciertos traumas que aún no has superado y que, por tanto, estés buscando una salida. Es posible que seas consciente del fuego que arde dentro de ti y quieras avivarlo para poder convertirte en la nueva versión de ti misma, una versión más feliz y exitosa. Sea como sea, a través de estas páginas voy a convertirme en tu instructora personal. Quiero que sepas que creo en ti. Si yo pude conseguirlo, ¡tú también podrás!

Cuando encarnes la sabiduría y apliques las técnicas que encontrarás en este libro, emprenderás un nuevo camino, un camino caracterizado por el éxito definitivo, la salud óptima, las ganancias millonarias, la abundancia en todos los aspectos de tu vida, la felicidad, la dicha, la confianza y la posibilidad de conseguir todo lo que deseas, pues por fin conocerás la verdad definitiva. Pobreza, escasez, carencia, enfermedad…, aunque todo eso puede parecer que existe en el mundo físico, cuando aprendes a aprovechar el poder ilimitado de la mente, en cuanto logras alinear el corazón, la mente y el alma para que formen una sola unidad, tus ojos se abrirán ante la única realidad existente: la abundancia.

La frecuencia vibratoria del amor se desbordará desde tu interior y la visión que deseas manifestar colmará toda tu atención, convirtiéndose en tu nueva realidad.

En palabras de Oprah Winfrey: «Para poder convertirte en algo, primero debes serlo e irradiarlo».

Capítulo 1

El poder ilimitado de la mente subconsciente

El 98 % de los pensamientos y las acciones fluyen a través de la mente subconsciente. Si te preguntara qué quieres realmente, ¿qué responderías? ¿Sabrías cuál es exactamente el sentido de tu existencia o tu mente estaría demasiado distraída por culpa de todas las «cosas» materiales que deseas?

Cuando la gente piensa en manifestar la riqueza y la abundancia en sus vidas, su enfoque suele ser externo. La creencia común es que tienes que trabajar mucho, abrirte camino para conseguir un trabajo bien remunerado, esforzarte durante horas para lograr resultados y, al final del día, caer desplomado por el agotamiento que conlleva todo el proceso. Sin embargo, lo que mucha gente desconoce es que la tarea de atraer la abundancia, la riqueza o cualquier otra cosa que puedas imaginar no depende tanto de nuestra capacidad de generar algo externamente, sino más bien de la combinación entre nuestra mentalidad y nuestra relación con el dinero, es decir, la predisposición a recibirlo. Las creencias no son más que narrativas que hemos *elegido* creer y con las que nos *identificamos*. Es importante tener esto claro porque el potencial de nuestras creencias suele estar considerablemente infravalorado.

Afortunadamente, podemos modificar nuestras creencias para alinearlas con nuestros deseos, pero antes debemos aprender a someterlas bajo el control de la mente consciente. Manifestar la abundancia es como disponer de la llave que abre la puerta a un flujo ilimitado. En cuanto posees esa llave, y te haces con el control de la mente subconsciente, puedes tener, ser y hacer todo lo que deseas. El Universo nunca te negará nada.

La mente subconsciente siempre actúa en piloto automático. Más allá de nuestra percepción consciente, es una recopilación de las habilidades, los conocimientos y las verdades que vamos aprendiendo a lo largo de la vida. Pese a actuar principalmente de forma inconsciente, la mente subconsciente es la responsable principal de las reacciones instintivas, los presentimientos, los pensamientos (el 95 % de los mismos, para ser exactos) y los hábitos que implementamos todos los días sin apenas darnos cuenta. Estos hábitos aparentemente automáticos pueden parecernos imposibles de cambiar. Tal vez creas que son «lo que te define» o que «las cosas son así». ¿Alguna vez has pensado eso? Bueno, pues permíteme decirte que, en cuanto aprendas a acceder a tu subconsciente, te darás cuenta de que posees un inmenso poder para transformar tu realidad y redirigirla hacia aquello que más deseas. Si quieres, puedes lograr que todos los aspectos de tu vida sean fértiles y abundantes. Según Luc LaMontagne, profesor de Berkeley, «determinadas actividades conscientes pueden ayudar a desvelar la mente subconsciente, de la misma manera que un cuadro proporciona información sobre la pintura o un entrante sobre los ingredientes que contiene, mientras que el artista o el chef son la mente consciente». Lo que LaMontagne quiere decir es que, si ponemos en práctica ciertas actividades de forma consciente y sistemática, podremos llegar a «reconstruir la mente subconsciente».[1]

Las creencias restrictivas en torno al dinero que tanto la sociedad como el sistema educativo o incluso nuestros padres nos han inculcado desde pequeños nos han predispuesto a creer que no hay suficientes recursos para todos o que Dios nos querrá más si somos humildes. Nos han hecho creer que el dinero es difícil de conseguir y aún más difícil de conservar, que no crece en los árboles y que está reservado sólo para unos pocos afortunados.

Es posible que estas creencias te resulten dolorosamente familiares y que las tengas grabadas en el subconsciente como lo estaban en el mío.

El entorno en el que crecemos y las personas que nos rodean fomentan en nosotros una mentalidad de la escasez. No es culpa de nadie;

---

1. LAMONTAGNE, LUC: «The Neural Correlates of the Subconscious», *Mind,* n.º 4 (otoño), pp. 3-7 (2020).

la gente hace las cosas lo mejor que puede. Pero lo que acaban transmitiéndonos no es más que el reflejo de la relación que ellos mismos tienen con el dinero. ¡No saben hacerlo de otro modo! Así pues, algunas personas consiguen que el dinero fluya fácilmente en sus vidas, mientras que otras, independientemente de su nivel de ingresos, lo pierden, lo malgastan, lo ahorran de forma obsesiva o viven con el agua al cuello. Todos estos rasgos tan comunes conforman una mentalidad de la escasez. El dinero, como casi todos los demás elementos de la vida, es una energía vibratoria que necesita fluir para crecer. Del mismo modo que ocurre con el agua estancada durante demasiado tiempo, si el dinero permanece retenido en un mismo lugar, deja de fluir y se pudre.

Si reconocemos y cambiamos nuestra mentalidad, podremos transformar drásticamente nuestra realidad. Todo aquello que experimentas como tu realidad exterior no es más que un reflejo directo de tus creencias personales. En palabras del filósofo Ernst Holmes: «El mundo material refleja las pautas de pensamiento que el alma tiene a su alcance. La vida no sólo responde a tus creencias, sino también a la forma en la que crees. Es como un espejo que refleja tus propias creencias».[2] Dicho de otro modo, si te sientes insatisfecho con tu vida, para transformarla primero debes cambiar tu mentalidad.

La realidad es un reflejo directo de nuestras creencias personales, y podemos cambiar cualquier cosa en la que creamos.

Lo que ves y experimentas no es más que el producto de lo que hay en tu interior. Por tanto, si proyectas que eres un imán para el dinero, que te sientes cómodo con él y que el dinero te quiere, la abundancia económica terminará fluyendo en tu realidad exterior. Los pensamientos positivos, en conjunción con los sentimientos y las acciones, convertirán en realidad la abundancia que deseas.

Las acciones, sobre las que trataremos en detalle más adelante, son aquellos rituales diarios que, con constancia, te permitirán manifestar

---

2. HOLMES, ERNEST S.: *The Science of Mind,* Pacific Publishing Studio, Nueva York, p. 97 (2011).

tus objetivos: trabajar con inteligencia, no en exceso, en la profesión que hayas elegido; salir de tu zona de confort todos los días de tu vida; levantarte temprano para empezar el día con energía antes que los demás, emplear tu tiempo de forma productiva y sustituir la fiesta y el alcohol por el esfuerzo constante en pos de tus sueños. Todos estos pasos, en su conjunto, te ayudarán a alcanzar más rápidamente tus objetivos. Trabajar tres horas al día en una nueva idea de negocio equivale a dedicar 1 095 horas al año a hacer realidad tus sueños. ¿No te parece increíble? Hasta que, un buen día, como por arte de magia, estás dando lo mejor de ti y tu negocio secundario se convierte en tu negocio principal, lo que hace que generes más ingresos de los que imaginabas.

Evidentemente, centrarte en mejorar tus habilidades es fundamental para llegar a convertirte en el mejor en lo que haces. Centra todos tus esfuerzos (lo que terminará por filtrarse a tu subconsciente) en lo que haces mejor y que, por tanto, te aporta mayores ingresos. Las mejores mentes de la historia, desde Albert Einstein hasta Leonardo da Vinci o Pablo Picasso, se alejaban del mundo para pasar un tiempo en un lugar aislado donde poder perfeccionar sus destrezas y llevar sus habilidades a otro nivel. Eso les permitió convertirse en los mejores del mundo en su profesión. Pues eso es algo que está al alcance de todo el mundo. Encuentra un lugar y un momento todos los días para convertirte en un maestro de tu disciplina. ¿Cuáles son tus habilidades únicas? ¿En qué deseas concentrar tus esfuerzos? Intenta que las respuestas a estas preguntas sean lo más claras posibles. En cuanto dejas de aprender, empiezas a morir; en cuanto dejas de obtener ingresos, empiezas a perder dinero. Si dejas de crear, empezarás a desintegrarte; si dejas de creer, te empezarás a encoger. Te encogerás para poder encajar en las creencias restrictivas heredadas y en las absurdas etiquetas que te has pegado a ti mismo o que has dejado que los demás te peguen como si fueran esas pequeñas notas adhesivas de color amarillo. Pero tú eres mucho más que eso. Ha llegado el momento de que te deshagas de todas esas etiquetas y de que te atrevas a ser la versión de ti mismo que mereces ser.

En la última década, numerosos estudios científicos y psicológicos han puesto de manifiesto la importancia de los primeros años de vida en nuestro desarrollo posterior. Según las Academias Nacionales de Ciencias, Ingeniería y Medicina, «la primera infancia es un período en el que los cambios en el desarrollo pueden tener consecuencias profundas y duraderas para el futuro del niño».[3] Todo lo que un niño experimenta o todo aquello a lo que está expuesto a una edad temprana, concretamente hasta los siete años, tiene un profundo impacto en su desarrollo, mentalidad y expectativas. «Incluso a una edad muy temprana, los niños son capaces de aprender sobre su mundo de maneras muy sofisticadas que no siempre tienen un reflejo en su comportamiento externo. El aprendizaje y el desarrollo de los niños pequeños es rápido y acumulativo, y sienta continuamente las bases para el aprendizaje posterior».[4] Los estudios demuestran que todo lo que absorbemos durante esos primeros años de vida, tanto lo positivo como lo negativo, así como las ideas en torno al dinero, queda grabado en el subconsciente. Más tarde, esas creencias nos convierten lentamente en la persona que somos, consolidando los cimientos de nuestra identidad.

Tus creencias están arraigadas en ti, incluso si no eres consciente de ello. La buena noticia es que puedes sustituirlas por otras. Puedes reprogramar tu subconsciente para obtener otro resultado. Puedes sustituir las energías negativas en torno al dinero por un nuevo paradigma basado en la riqueza y la abundancia. Puedes convertirte en el autor de tu propia historia. Lo primero que debes hacer, y además es algo que puedes hacer ahora mismo, es poner por escrito la relación que te une al dinero. ¿Qué sentimientos te provoca? ¿Qué ideas en torno al dinero llevas grabadas en lo más profundo de tu mente? El texto que escribas se convertirá en el mapa de tu relación con el dinero, un mapa que te ayudará a desenmascarar las creencias restrictivas y que te servirá de guía para saber dónde debes centrar tus esfuerzos para cambiar tu mentalidad y hacerla más receptiva a la riqueza y la abundancia. Lo que escribas también te ayudará en las prácticas que te propongo más

3. The National Academies of Science, Engineering, and Medicine: «Child Development and Early Learning: A Foundation for Professional Knowledge and Competencies», https://nap.nationalacademies.org/resource/19401/ProfKnowCompFINAL.pdf
4. Ídem.

adelante. Dedica algo de tiempo ahora a anotarlo todo bien y recuerda tener a mano la lista en todo momento.

Si te identificas con afirmaciones como «siempre pierdo dinero», «el dinero me rehúye», «nunca tengo suficiente» o «mi familia siempre ha vivido con lo justo», éste es el momento perfecto tanto para transformar esas creencias en una nueva mentalidad basada en la abundancia como para desarrollar una nueva conciencia de la riqueza. Y gracias a este libro aprenderás a hacerlo ahora mismo. Con la ayuda de mi método SMC, reconocido a nivel mundial y científicamente comprobado, abordaremos tanto la mente subconsciente como la consciente para provocar cambios positivos y duraderos en tu mentalidad y, por tanto, también en tu vida. En este libro encontrarás todas las herramientas necesarias para transformar tu vida de forma significativa.

Comprender y aprender a navegar tu propia mente puede facilitar la rápida y asombrosa consecución de los objetivos y sueños que más deseas. Si alguna vez has asistido a una de mis charlas o has leído mi primer libro, probablemente ya sepas que soy una friki del cerebro. El sistema de activación reticular (SAR), por ejemplo, es una red de neuronas situada en la parte inferior del cerebro encargada de evaluar y filtrar toda la información entrante y de priorizar aquella que consideramos más importante. ¿Y qué tipo de información consideramos importante? ¡Pues en la que centramos la atención!

El SAR filtra a través de los sentidos más de dos millones de bits de datos por segundo; de hecho, se comporta como un gran viaducto que conecta la mente subconsciente y la consciente. El SAR nos permite filtrar el ruido irrelevante cuando estamos en un lugar lleno de gente para poder concentrarnos en una sola conversación. Por ejemplo, cuando te llaman por el nombre en un aeropuerto, el SAR es el responsable de que reconozcas el mensaje pese a no haber prestado atención a los anteriores a través del sistema de megafonía. Esta selección de la información evita que acabemos excesivamente estimulados ante la avalancha de datos que recibimos de forma constante a lo largo del día. Pero aún no has oído lo mejor: aquello en lo que centramos nuestra atención termina expandiéndose. De modo que, si *eliges* de forma consciente prestar atención a algo específico, el SAR filtrará cualquier otra cosa que no esté directamente relacionada con ese propósito. Es como si actualizaras tu mente a la suscripción *premium* de un servicio musical en línea que te permitiera eliminar los molestos anuncios que pueden distraerte y evitar que alcances la excelencia. En palabras del Dr. William Horton: «Puedes reprogramar deliberadamente el sistema de activación reticular seleccionando los mensajes que envías desde tu mente consciente». Al ser específico de una forma consciente con tu SAR, serás capaz de interpelar tanto a tu subconsciente como a tu mente consciente, fomentando todos los cambios que deseas experimentar en tu vida.

Volvamos a la pregunta principal: ¿qué considera importante tu cerebro? El SAR siempre priorizará aquello en lo que concentres toda tu atención. Por ejemplo, si tu mente está centrada en la creencia de que no eres digno del dinero o que no logras atraerlo a tu vida, el SAR te ofrecerá evidencias que demuestren la verosimilitud de dicho sistema de creencias. Las experiencias que tengas, tus circunstancias, las personas y lugares que conozcas serán un reflejo de tus carencias y de la escasez de dinero.

Si eres capaz de reconocer todo esto sin emitir juicios de valor, encontrarás la fuerza interior necesaria para reemplazar las creencias restrictivas y transformar tu vida mediante el mero reconocimiento de aquello que te gustaría cambiar. Al encarnar tus nuevas creencias positivas, afirmativas y abundantes en torno al dinero (el dinero me quiere, soy digno de la abundancia, soy digno de la libertad financiera, me encanta ganar dinero, soy una persona exitosa), tu SAR seguirá respondiendo en consecuencia, proporcionándote infinidad de pruebas que demuestren que el sistema de creencias en cuestión es real. Constantemente aparecerán a tu alrededor oportunidades, acontecimientos, personas y lugares recurrentes que respaldarán tu nuevo sistema de creencias.

Es un poco irónico que, al igual que el filtro SAR encargado de cancelar el ruido innecesario que nos rodea, las oportunidades que ahora nos resultan tan evidentes siempre hayan estado ahí. El problema es que no sabías dónde mirar, o quizás no estabas preparado para ello. Pero ahora sí lo estás. Ahora que sabes que se originan dentro de tu propia mente subconsciente, estás listo para reconocer en todo su esplendor estas oportunidades enriquecedoras y vigorizantes. Al reprogramar tu subconsciente e instalar de forma recurrente una nueva mentalidad de la riqueza, afirmas ser merecedor de la abundancia, del dinero y de tu decisiva contribución al mundo. Todo terminará por dar frutos porque esas creencias estarán arraigadas en tu ser de forma subconsciente, de modo que tu mente consciente trazará rutas que le permitan materializar dichas creencias en tu realidad.

Céntrate en la abundancia, en la riqueza, en la salud, en la alegría, céntrate en tus ilimitados poderes y capacidades para hacer grandes cosas en este mundo. Tus únicas limitaciones son las fronteras que has construido en el interior de tu mente. Lo único que te impide alcanzar la riqueza y la abundancia son las creencias de escasez que has terminado implementando de una forma u otra. Todos los seres humanos están en este planeta para experimentar toda la belleza que la vida puede ofrecernos.

Tu destino es ser rico. Tienes derecho a estar sano, ser abundante, vibrante, armonioso y estar seguro de ti mismo. Tienes derecho a estas y muchas cosas más porque cuanta más riqueza crees, más recursos tendrás para compartir, ayudar a los demás y tener un impacto positivo en el mundo. Tal vez decidas construir un orfanato, una asociación protectora de animales, una entidad para ayudar a personas enfermas o simplemente ayudar a personas sin recursos. O puede que decidas crear tu propia organización benéfica. Si no fuera por el dinero, no dispondrías de los recursos necesarios para ayudar a los demás de una forma tan ambiciosa. Tú también mereces tener dinero. No te quedes atrapado como un hámster en su rueda como hicieron las generaciones que te preceden. Sal de la rueda ahora mismo y exclama: «Ha llegado el momento de cambiar la trayectoria para que se beneficien las generaciones futuras».

Ser rico no sólo te cambiará la vida a ti, sino que también se la cambiará a tus hijos, a tus nietos y puede que incluso a millones de personas más cuando ya no estés en este mundo. Verás, la clave consiste en asegurarse de que todo lo que deseamos servirá para que los demás puedan vivir mejor. Crea para servir y ayudar a los demás, para añadir valor a la vida de la gente, para ayudarles a mejorar, motivarlos y empoderarlos; en definitiva, para mejorar su calidad de vida general. Desear cosas que ayuden a la colectividad y mejoren la vida de las personas que te rodean, incluso después de que te hayas ido, es la esencia de dejar un legado, su auténtica manifestación.

Tener una actitud financiera próspera es fundamental para atraer la riqueza a tu vida. Voy a compartir contigo seis principios básicos de la creación de riqueza para que así tú también puedas mostrarte confiado y asertivo mientras subes la escalera que te llevará a la libertad económica.

El primer principio fundamental ya lo hemos mencionado antes: tener la mentalidad adecuada. Como hemos visto a lo largo de este capítulo, la mentalidad correcta atraerá la abundancia, el dinero y las posibilidades a tu vida. Recuerda que erradicar las creencias restrictivas y la mentalidad de la escasez es el primer paso para la creación de riqueza.

El segundo principio consiste en tener una visión holística de tus finanzas. Esto te ayudará a entender todas las piezas que componen tu rompecabezas financiero. Todo está interconectado, todo encaja para conformar la visión panorámica de tu vida financiera. Dado que todas las decisiones tienen sus consecuencias, cuando analices tus finanzas de forma global y tengas claros los objetivos financieros a corto, medio y largo plazo, serás capaz de tomar decisiones mucho más eficaces y precisas.

El tercer principio consiste en calcular la eficacia de tus activos, inversiones y gastos. Evaluar tus decisiones financieras también te ayudará a tomar decisiones más inteligentes en otros campos. ¿Cuáles son tus pasivos, activos y liquidez? ¿Cuál es el coste real de utilizar una estrategia en lugar de otra? ¿Cuál es el rendimiento real de todas tus inversiones?

El cuarto principio es centrarse en la tesorería. Como ya hemos dicho antes, el dinero, como todas las energías, debe fluir para crecer. Esto significa que inmovilizar el dinero en una cuenta, en un plan de jubilación o en cualquier otro producto financiero al que no puedas acceder fácilmente limitará enormemente tu capacidad para hacer crecer tu fortuna. Por lo que se refiere a la liquidez, es muy importante que tu dinero esté en constante movimiento, por ejemplo, a través de inversiones que te reporten unos mayores beneficios. Hacer circular el dinero acelerará considerablemente la creación de riqueza porque, con el tiempo, creará diferentes fuentes de ingresos que te permitirán llevar una vida próspera y abundante alimentada por tu libertad financiera.

El principio número cinco consiste en hacerse con el control de tu dinero. ¿De dónde sale? ¿Adónde va? ¿Cuáles son tus hábitos financieros? Conocer toda esta información te ayudará a recuperar el control sobre tus finanzas y a tomar mejores decisiones. No le des mucha importancia al efectivo. Siempre y cuando lo tengas bajo control, no tienes nada que perder. Evita perder dinero en negocios de alto riesgo, impuestos, gastos de gestión y otras tasas.

El sexto y último principio es el apalancamiento financiero, el cual te permitirá ganar más con menos y aumentar la productividad de tu dinero. En consecuencia, serás capaz de incrementar extraordinariamente el rendimiento de tus inversiones, así como de tu riqueza total a largo plazo.

El éxito es una mentalidad, no una cifra en una cuenta corriente. El dinero sólo es un subproducto del éxito, así que no busques el dinero. Busca el éxito y la forma de transformar la vida de la gente, de resolver sus problemas. Una vez lo consigas, el dinero fluirá hacia ti abundantemente.

En última instancia, la fórmula para la creación de riqueza es la siguiente: cuantos más problemas resuelvas, más dinero ganarás. Debes crear algo en lo que creas de verdad, algo que sirva a un propósito mayor. Una vez sepas qué quieres crear, deberás decidir, mediante ingeniería inversa (e imaginando adónde quieres llegar), la cantidad de dinero que deseas obtener. Encuentra a gente que haya conseguido lo que tú quieres conseguir. ¿Qué hicieron? ¿Cómo lo lograron? Visualiza con claridad el resultado final. Como dice Napoleon Hill: «La mente puede lograr todo lo que es capaz de imaginar y creer».

Según la ley de la compensación, recibimos lo que damos. En los próximos capítulos profundizaremos más en los pormenores de esta ley. Ralph Waldo Emerson dijo: «Toda persona es compensada de la misma manera en función de lo que ha contribuido». En otras palabras, recogemos lo que sembramos. Independientemente de lo grandes o pequeños que sean tus actos de servicio, siempre serán recompensados proporcionalmente. El dinero funciona del mismo modo. La cantidad de dinero que obtienes a través de tu actividad es absolutamente proporcional a:

a) El problema o la necesidad identificada
b) El valor que estás creando y aportando
c) La originalidad de tu producto o servicio
d) La parte del problema o necesidad identificada que estás resolviendo

Calcular esta proporción te permitirá crear algo tan valioso que tu impacto en el mundo y las vidas que serás capaz de cambiar se convertirán en algo excepcional e imprescindible. Lo que demuestra que cuantos más problemas ajenos resuelvas, más dinero ganarás.

Convertirse en multimillonario no es algo que sucede espontáneamente. No te levantas un día y te encuentras un millón de euros en tu cuenta corriente. Para llegar adonde quieres estar, primero debes tener la mentalidad adecuada y, después, crear nuevos hábitos positivos, como los que tienen los multimillonarios a los que admiras. La mentalidad representa el 80 % del éxito; las acciones alineadas a tu mentalidad, el 20 % restante. La tercera ley de Newton asegura que con cada acción siempre se produce una reacción igual y contraria. El éxito es una reacción a las acciones que decides emprender o, como me gusta decir, el éxito es una reacción a lo que haces.

Capítulo 2

Dejar ir para crecer

Muchas veces es difícil dejar ir. El ser humano está acostumbrado a aferrarse a las cosas que creemos que nos pertenecen, a las cosas que amamos o que hemos amado. Nos agarramos con fuerza a los recuerdos más preciados por miedo a que, si los dejamos ir, podemos perderlos para siempre. Lo que mucha gente no sabe es que las cosas que atesoramos con celo con el tiempo pueden llegar a convertirse en un peso intolerable sobre nuestros hombros, el equipaje que nos impide crecer y convertirnos en la mejor versión de nosotros mismos. Dejar ir, soltar las ataduras, significa rendirse al momento presente tal y como es, permitir que la olla a presión interior, ese horrible peso que sientes en el pecho, se desvanezca. También significa volver a respirar con alivio, paz y libertad, lo que te permitirá fluir con ligereza por tu vida y crecer de forma natural, sin esfuerzo.

Según la mecánica cuántica, la energía está presente en todo y cada pensamiento tiene una frecuencia vibratoria. Cuando acumulamos objetos físicos, por ejemplo, absorbemos la energía emitida por esos objetos, independientemente de si nos son útiles o no. De hecho, incluso cuando ya hace tiempo que han dejado de serlo, no podemos desprendernos de ellos porque nos recuerdan a alguien o a algo. Sin embargo, los recuerdos no están dentro de los objetos. Las personas que nos han dejado no están en los objetos que les pertenecieron. Los recuerdos que traemos de nuestros viajes no almacenan las experiencias que hemos vivido en ellos. La auténtica esencia de todo eso está en nuestro interior, y una vez hayas asumido esa realidad, adquirirás la capacidad de desprenderte de las cosas externas y seguir adelante.

Muchas personas no entienden por qué son incapaces de hacer realidad sus sueños, por qué la vida «no se les pone de cara» o por qué les cuesta tanto alcanzar sus objetivos. Dedica algo de tiempo a reflexionar sobre esta idea y anota tus pensamientos.

Una vez hayas reconocido los bloqueos mentales que te limitan, estarás preparado para dar el primer paso hacia tu futuro. Ser consciente de nuestra situación actual nos permite ejercer control sobre nuestra propia vida, además de abrirnos la puerta para poder liberar bloqueos, perdonar a los demás y, lo que es más importante, perdonarnos a nosotros mismos. Sólo entonces estarás listo para embarcarte en la aventura de desprenderte de las ataduras.

Cuando vives una experiencia tan traumática como un abuso sexual, como me ocurrió a mí, tanto tu cerebro como tu cuerpo responden de una forma completamente nueva. Puedes sufrir un colapso emocional y psicológico, hasta el punto de sentirte como un marginado en tu propia vida. La confusión, la victimización y el autodesprecio pueden resultar abrumadores. El autosabotaje, el sentimiento de culpa, la desesperación, el odio y la rabia pueden arrastrarte lentamente a un pozo sin fondo y terminar poniéndote enfermo. Para poder procesar el trauma necesitas toda la fuerza de tu ser. Dado que el cerebro está diseñado para hacernos sentir cómodos y relajados, es lógico que tienda a ignorar, olvidar y enterrar los traumas difíciles de procesar y sanar.

A menudo lo más difícil es aceptar que has vivido una situación traumática. Y entender que lo que ha ocurrido puede que no haya sido culpa tuya puede convertirse en una tarea cuasi imposible. Cuando nos ocurre algo grave, nos sentimos tan avergonzados y heridos que nos resulta muy difícil compartir la experiencia incluso con nuestra propia familia o nuestros amigos íntimos. De modo que te agarras a la rabia y al resentimiento, éstos se acumulan en tu interior y te asfixian, y acabas haciendo cosas estúpidas para poder sobrellevar la situación.

En mi caso, fueron las drogas. Estaba sumida en un estado mental de autodesprecio intolerable. Me sentía avergonzada por lo que había pasado, de que la gente me viera y me juzgara, de mi cuerpo, de mostrarme tal y como soy. Me aferraba a un secreto que me producía mucho dolor y la única forma de sentir un poco de alivio era a través de las drogas. Creía que las drogas eran la salida, cuando, en realidad, lo único que hacían era hundirme todavía más. Mentía a mi familia y a mis amigos, les aseguraba que estaba bien, que no me pasaba nada, pero las drogas me estaban consumiendo lentamente mientras buscaba constantemente formas de financiar mi adicción sin que la gente se diera cuenta. ¿Cómo terminó todo? Pues que empecé a trabajar como chica webcam.

En aquel momento ni me planteé las terribles consecuencias que aquello tendría para mi familia, mis amigos y, evidentemente, también para mí misma. Sólo lo veía como la solución perfecta para sufragar mi adicción. Poco tiempo después de empezar a trabajar en una industria dirigida a los hombres, empecé a explotar mi propio cuerpo de muchas maneras distintas y a ponerlo a disposición de los demás. Decir que era infeliz sería quedarme corta. La estrategia para enfrentarme a mis traumas se me había ido de las manos, y la ansiedad y la depresión me estaban matando lentamente. Era una situación insostenible. Nunca lo había sido.

Mi mente me había engañado haciéndome creer que podía hacerlo todo sola. Creía que tenía el control sobre mis decisiones y, por tanto, también sobre mi vida. Pero lo cierto es que necesitaba ayuda urgentemente. Necesitaba una luz que me mostrara el camino, una luz más potente que la mía.

Años más tarde, después de tener a mi hijo, me puse enferma por culpa de todos los abusos a que había sometido a mi cuerpo durante años. Creía que podía enterrar mi trauma en el pasado, pero estaba tan arraigado que había terminado por definirme. La parte de mi ser que aún no estaba sanada finalmente se vengó de mí, y no precisamente de una forma sutil. Eso ocurrió antes de que descubriera y creara el método SMC, que fue la única manera con la que por fin pude sanar los traumas que me habían perseguido durante años. ¿Por qué? Porque finalmente aprendí a *dejar ir* y perdonar, lo que me permitió liberar todo el dolor, toda la rabia y toda la culpa que había acumulado dentro de mí a lo largo de los años. Por fin fui capaz de reservar ese espacio para cosas mejores.

Perdonar y desprenderse de las viejas energías que ya no nos aportan nada es el primer paso para atraer grandes cosas a nuestra vida.

31

Hacer esto de forma constante ha sido lo que me ha permitido dejar ir, desprenderme de los traumas que me marcaron profundamente durante la adolescencia. Aunque actualmente soy una mujer empoderada y segura de mí misma que ha tenido la oportunidad de vivir en unas casas espectaculares en varias partes del mundo, que ha conocido a su media naranja y que mantiene con él una relación feliz y armoniosa, empecé mi viaje siendo una joven asustada y frágil, una mujer abrumada por diversas experiencias de abuso sexual.

De no ser por la capacidad de perdonar, mi transformación no hubiera sido posible. Si hubiera seguido aferrándome a las experiencias traumáticas, me habría convertido en un producto de mi pasado. Hoy en día el trauma seguiría definiendo mi identidad. Y no estoy dispuesta a que las adversidades se interpongan en el camino de mi presente y de mi futuro.

Sí, las experiencias que viví, por horribles que fueran, forman parte de mi historia, me enseñaron lecciones importantes que ayudaron a conformar la persona que soy en la actualidad. **Pero no determinan la dirección que tomará mi vida de ahora en adelante.** Mi destino no es cargar con un pesado equipaje ni conformarme con algo que no sea la mejor vida posible. Y el tuyo tampoco.

Si estás leyendo esto ahora y sientes que llevas a tus espaldas una pesada carga o un trauma, un equipaje tan pesado que apenas te deja avanzar, debes saber que no estás solo. Millones de personas en todo el mundo, entre las que me incluyo, han tenido que soportar un sufrimiento inmenso y han encontrado la fuerza para desprenderse de él. Hoy es tu día. Tienes la oportunidad de deshacerte de ese dolor, de soltar esa pesada carga. Libera tu cuerpo, libera todo tu ser, y suelta el lastre, déjalo en el camino, justo detrás de ti.

Somos recipientes de energía e información y estamos llenos de las experiencias, creencias y relaciones que hemos ido construyendo a lo largo de nuestra vida. Llevamos sobre los hombros los viejos traumas, las creencias restrictivas que nos impiden convertirnos en la mejor versión de nosotros mismos y atraer la vida que deseamos, la cual flota sobre la superficie de nuestra conciencia. Para agrandar el recipiente y poder recibir mucha más energía del Universo, primero debes crear un espacio para que tu vida se llene de cosas nuevas. Y para ello debes deshacerte de los bloqueos que te impiden tener una vida plena y cumplir tu destino.

Gracias al método SMC, cientos de miles de personas han conseguido desprenderse de cargas, traumas y recuerdos dolorosos. Como ahora ya sabes, liberar todas esas cargas desde la mente consciente no es suficiente; debes hacerlo a nivel subcelular. La mente subconsciente es el arquitecto jefe, la encargada de esculpir nuestra realidad, una realidad que la mente consciente interpreta como pura coincidencia. ¿Eres consciente de la ligereza que sentirás en cuanto sueltes lastre? ¿La libertad que experimentarás una vez dejes la pesada carga detrás de ti y ésta deje de controlarte? Soltar amarras sienta muy bien.

A pesar de lo bien que sienta deshacerse del dolor y el trauma, debes entender que la única persona que siente todas esas cosas eres tú. Nadie siente tus traumas mejor que tú. Por tanto, liberarte de ellos depende sólo de ti. Cuando no perdonas, la persona o situación a la que te estás aferrando toma el control de tu vida y continúa transitando por ella, día tras día. Es posible que los demás ni siquiera se den cuenta de que te sientes así, o puede que no les importe. Ellos se dedican a seguir con su vida.

No estoy diciendo que debas olvidar el pasado; te estoy invitando a *perdonar*. Una vez que te liberes de la vieja energía negativa, te sentirás renovado, como si hubieras perdido varios quilos. Incluso es posible que algunas personas te digan que estás radiante o te pregunten si has ido a la peluquería. Pese a no haber cambiado nada de tu físico, experimentarás una poderosa transformación interior. Los cambios interiores fortalecen todas las células del cuerpo; la transformación se produce a nivel celular, provocando un cambio en la naturaleza misma de tu ADN.

Liberar la energía negativa equivale a someterse a una especie de autocirugía de *biohacking* mediante la cual nos deshacemos de las células que no están alineadas con nuestro propósito superior. Cuando entras en un quirófano para que te extirpen un tumor canceroso o el apéndice, por ejemplo, estás protegiendo a tu cuerpo de la enfermedad eliminando de tu organismo potenciales alteraciones graves. Cuando el cuerpo deja de estar en homeostasis, un estado de equilibrio, positividad y salud, entra en un estado de des-equilibrio, momento en el que muchos problemas de salud empiezan a complicarse. Todos los problemas de salud tienen una causa, aunque la mayoría de las veces ésta queda más allá de nuestra comprensión. Por eso es importante que siempre trates de encontrar la causa principal detrás de cualquier tipo de molestia física. ¿Qué intenta decirte tu cuerpo? ¿Cuál es su significado? Los chakras pueden ser una guía muy útil para comprender mejor los principales canales energéticos del cuerpo. Por ejemplo, si te duele la garganta, puede ser un buen momento para evaluar tu sinceridad o el modo en que te presentas ante los demás. Es posible que en el pasado te hayas sentido menospreciado, desatendido o ignorado. O tal vez hayas reprimido pensamientos o sentimientos que era mejor expresar abiertamente. Los problemas físicos siempre son un reflejo de algo más profundo.

Para crecer, tienes que aprender a dejar ir y crear un espacio a lo nuevo. Según la ley universal del crecimiento, a diferencia de lo que ocurre con la estatura, que alcanza su máximo a los dieciocho años, el desarrollo personal nunca deja de crecer y desarrollarse. Para John C. Maxwell, esta ley se compone de tres aspectos fundamentales: intención, conciencia y constancia.[1] Cuando crecemos, nos mantenemos vivos. Si no estamos permanentemente creciendo de forma activa y tratando de aprender cosas nuevas, tanto espiritual como psicológicamente, empezamos a morir.

La pregunta es: ¿estás preparado para dejar ir? ¿Estás listo para empezar a perdonar y liberarte de las cosas que ya no necesitas? ¿Estás realmente preparado? Porque todos los días tienes la posibilidad de soltar las ataduras o aferrarte a ellas, seguir vivo o esperar sentado a que la muerte llame a tu puerta.

---

1. MAXWELL, JOHN C.: *The 15 Invaluable Laws of Growth.* Hachette Book Group, Nueva York, 2012.

Capítulo 3

La magia del perdón

Para liberarte de los traumas de tu pasado y desarrollar todo tu potencial, lo primero que debes hacer es aprender a perdonarte tanto a ti mismo como a los demás. Como mencionamos en el capítulo anterior, hemos permitido durante demasiado tiempo que la ira y el resentimiento se acumulen en nuestro interior, por lo que a veces incluso olvidamos que cargamos con ellos. El resentimiento nos pudre desde dentro, dominando nuestra realidad con energías negativas que jamás podremos aprovechar. Según la Dra. Nina Radcliff, el resentimiento puede convertirse en un peso intolerable y provocar problemas graves de salud a largo plazo: «El resentimiento puede debilitar el sistema inmunitario y aumentar el riesgo de sufrir estrés, ansiedad, enfermedades cardiovasculares, hipertensión, derrames cerebrales, cáncer, alcoholismo, drogadicción, comportamientos compulsivos, aumento de peso, cambios de humor, depresión y agotamiento. También se lo ha relacionado con la reducción de la esperanza de vida. En las relaciones personales, el resentimiento menoscaba la confianza y la intimidad, alimenta las luchas de poder o la agresión pasiva persistente y acaba provocando desprecio y desapego».[1]

En mi caso, las relaciones sentimentales que había tenido hasta entonces estaban llenas de un dolor y un resentimiento que aún no había cicatrizado. Recuerdo que solía pelearme con mis parejas por las

---

1. DRA. RADCLIFF, NINA: «Resentment and its impact on your health». Press of Atlantic City, 28 de marzo de 2021, pressofatlanticcity.com/lifestyles/health-med-fit/resentment-and-its-impact-on-your-health-dr-nina-radcliff/article_9f4eaca4-e1a9-5ee1-ac52-b38cd20c6cbc.html

mismas cosas una y otra vez. Era como si me dedicara a copiar y pegar la misma relación durante años, atrapada en un bucle agotador que no me llevaba a ninguna parte y que sólo tenía dos patrones: alejar a la otra persona de mí o huir de ella. Me costó, pero finalmente comprendí que el denominador común era yo. El problema no eran mis parejas; estaba claro que en aquella batalla debía enfrentarme conmigo misma.

Toda la frustración, decepción, dolor, abandono, daño, abuso y maltrato que había sufrido y de los que no me había perdonado a mí misma se convirtieron en una bola de nieve que rodaba lentamente por la ladera de la montaña y que, con el tiempo, dio paso a una avalancha emocional negativa llamada resentimiento. El resentimiento se acumuló dentro de mí, y lo peor de todo es que empecé a proyectarlo sobre las personas que tenía más cerca. El dolor no tratado y la intensa rabia que sentía tanto hacia mí misma como hacia mi padre emponzoñaron mis relaciones sentimentales. Atraía a parejas que reflejaban algunos de los peores recuerdos que tenía de mi padre, reproduciendo en mi realidad el maltrato a que había sometido a mi madre. La única válvula de escape para el dolor que sentía terminaba en terribles confrontaciones con mis parejas. Ahora me doy cuenta de que era un mecanismo de defensa, un desahogo inconsciente para todo aquello que nunca había podido decirle a mi padre. Y lo que es aún peor, cada comportamiento de mis parejas que yo relacionaba de forma inconsciente con alguna de las actitudes de mi padre hacía aumentar mi resentimiento.

Pasé de estar prometida a quedarme soltera y de casada a divorciada. Me costó mucho tiempo poder escribir y hablar abiertamente de todo esto, pero ahora que lo he logrado espero que mi historia te ayude a no repetir una y otra vez los mismos errores de autosabotaje que yo cometí. Está bien desprenderse del dolor al que has estado aferrada. Está bien perdonarse por todo lo que desearías haber hecho de otro modo. Está bien reconocer que a veces te has maltratado a ti misma y a los demás. No pasa nada por admitir que te han hecho daño, que te han maltratado, ninguneado o menospreciado. Reconocer todas estas adversidades te hará más fuerte.

A veces, una crisis se convierte en el primer paso que lleva a la solución de nuestros problemas. Normalmente, la reacción se produce como consecuencia de una experiencia traumática, como me ocurrió a mí durante el peor año de mi vida. Otras personas experimentan una epifanía transformadora después de un momento de alegría, euforia o lo que sólo puede calificarse como auténtica felicidad. El mero hecho de estar leyendo esto demuestra que estás preparado para perdonarte a ti mismo y a los demás, para seguir avanzando y manifestar todo aquello que deseas para tu vida. El libro que tienes delante es la señal de que te encuentras en el punto culminante de una gran transformación. Tal vez la abundancia caracterice ya un aspecto de tu vida, pero te falte algo en otro, como si intuyeras una carencia que no puedes definir del todo. Practica el perdón, ya sea con los demás o contigo mismo.

Al igual que el ciclo de autosabotaje en el que había caído inconscientemente en mis relaciones sentimentales, el comportamiento destructivo puede aparecer en cualquier área de tu vida. Es importante aprender a reconocer cuando algo no está alineado, como, por ejemplo, las relaciones codependientes, la tendencia al autosabotaje, los círculos viciosos, y analizar qué o a quién necesitas perdonar. Remóntate a tu infancia para descubrir qué pudo sembrar la semilla del resentimiento. Cada vez que te invada un sentimiento negativo, detente, acéptalo, analízalo y recuérdate a ti mismo que tienes la capacidad de transformarlo.

Lao Tzu dijo en una ocasión: «Cuando el alumno está preparado, el maestro aparece». No es una coincidencia que hayas escogido este libro; es una clara señal de que estás listo para ser guiado a través del dolor hacia la abundancia que deseas. Los ejercicios y métodos que presento también me ayudaron a mí durante mi viaje de sanación. Me enseñaron a dejar ir, perdonar y vivir sin dolor, traumas ni resentimientos. Como no tenía a nadie que me guiara a través de estas experiencias tan traumáticas, creé mi propia guía y me impulsé a mí misma hacia el campo cuántico de la abundancia, la felicidad y la armonía. Y ahora quiero compartirlo contigo.

Gracias a la meditación profunda, la autohipnosis y antiguos ejercicios específicos de respiración (es decir, mi método SMC), fui capaz de renovar mis circuitos neuronales y adquirir la fuerza necesaria para asumir mi identidad, definirme a mí misma con claridad y dejar atrás mi pasado. El primer ejercicio que quiero compartir contigo es una meditación de atención plena, gracias a la cual podrás acceder a tus emociones, pensamientos y creencias más profundas. Primero te explicaré el ejercicio paso a paso; después, puedes cerrar los ojos y continuar solo.

Cuando termines de leer los párrafos que siguen, encuentra el tiempo y el lugar ideal para sumergirte en el ejercicio que te propongo.

Ponte cómodo y céntrate sólo en el presente. Siéntate o túmbate boca arriba. Respira hondo y durante los próximos tres minutos concéntrate sólo en tu respiración. Inhala durante cuatro segundos, aguanta la respiración seis segundos y exhala durante ocho segundos más. Cada respiración debe ser más profunda que la anterior y debe llevar más oxígeno tanto a tus pulmones como al resto de tu cuerpo. Siente el diafragma expandiéndose y contrayéndose, controlando la exhalación con cada respiración. Respira profundamente y alarga la espiración.

Cuando pongas en práctica este ejercicio, tu mente empezará a acallarse, tus pensamientos se disolverán y tu corazón se tranquilizará. Deja que tu cuerpo se relaje por completo. Abre la puerta a tus facultades mentales superiores, lo que te permitirá acceder al conocimiento puro y captar los mensajes de tu inteligencia superior. El objetivo es erradicar todo aquello que impide que alcances tu destino, todas las cosas que te imposibilitan llegar a un estado de plenitud y excelencia con determinación y facilidad.

Cada vez que inhales, siente cómo el amor, la gratitud y la emoción penetran en todo tu ser, y cada vez que sueltes el aire, concéntrate en desprenderte de todo aquello que ya no te aporta nada. Estás a salvo. Todo está bien. Ahora sólo estamos tú y yo. Exhala y recuerda todo el dolor, el resentimiento, la ira, el pasado. Imagina cómo todo eso abandona físicamente tu cuerpo como, por ejemplo, un humo negro y espeso. Repítelo varias veces. Inhala compasión; exhala dolor. Inhala perdón y deshazte de algo más con cada nueva exhalación. Con cada respiración, te sumerges un poco más en tu subconsciente. Si aparece un pensamiento, acéptalo con naturalidad, sonríe y déjalo ir.

Ahora, deja entrar en tu mente a alguien o algo que te haya hecho daño en el pasado. ¿Qué sientes? Sigue respirando mientras decides perdonar a esa persona o situación. Di: «Te perdono. Te perdono. Te perdono». Continúa respirando y diles: «Tú ya no me controlas. El único que tiene poder sobre mi vida soy yo». Al inhalar, pon una mano sobre el corazón y otra sobre el abdomen. Siente cómo tu cuerpo sube y baja. Ahora repite: «Te estoy agradecido y te envío mi amor. Te perdono». Inspira con amor, compasión y gracia. Sonríe al exhalar. Entrégate por completo al momento presente y déjate llevar. Inhala el sentimiento de amor. Deja que se extienda por todo tu cuerpo. Comprende que incluso el daño más directo que has sufrido no es personal. Recuerda que todo lo que dicen y hacen los demás es un reflejo directo de quién son ellos, no de quién eres tú. Perdónales ahora y repite: «Te estoy agradecido y te envío mi amor. Te perdono».

Imagina que todo tu cuerpo resplandece con una luz brillante y difunde esos sentimientos tan lejos como puedas con tu próxima exhalación, iluminando el espacio en el que estás ahora mismo, tu casa, la ciudad en la que vives, tu región, tu país y el mundo entero. Cuando resplandeces, iluminas el mundo que te rodea.

A medida que aprendes a perdonar tanto a los demás como a ti mismo, te conviertes en una persona indulgente y compasiva, llena de amor y luz. Con el tiempo dejará de ser un mero ejercicio para convertirse en la persona que eres, tu quintaesencia biológica. Al decidir perdonar en estos momentos, estás aprovechando la frecuencia del amor y la gratitud a las que tienes derecho. Hoy estás tomando la decisión de perdonar tu pasado, a tus padres, a la gente que te ha hecho daño; estás decidiendo perdonarte a ti mismo.

Ahora vuelve a respirar con normalidad y abre lentamente los ojos mientras esbozas una suave sonrisa que te ilumina desde el abdomen inferior hasta la parte superior de la cabeza.

Si haces este ejercicio a diario podrás soltar la energía negativa que te impide seguir avanzando. A través de la repetición, y la reprogramación constante de tu mentalidad, podrás transformar tus creencias en torno al pasado, aprender a dejar ir y cambiar tu destino. Es casi tan eficaz como viajar en el tiempo para alterar los acontecimientos que nos han hecho daño. Si te comprometes a hacer esto diariamente durante los próximos treinta días, experimentarás un cambio radical en tu vida y asistirás a la transformación de la realidad que te rodea. Después de una sola sesión, aprenderás a liberar años de sentimientos reprimidos y a perdonar. Es posible que a estas alturas ya estés empezando a notar sus efectos. ¿Qué tal te sienta perdonar?

Escribí esta parte del libro cuando faltaban pocos días para mi cumpleaños. Cuando la gente me pregunta qué quiero para mi cumpleaños me encanta pedirles que escriban en un trocito de papel con qué les gustaría bendecirme, ya sea salud, riqueza, amor, abundancia, etc. También quiero hacerlo contigo. Escribe en una hoja de papel aquello con lo que te gustaría ser bendecido en tu vida y llévala encima durante todo el día. Cada vez que la abras y la leas, recibe la bendición como si te estuvieran haciendo un regalo, ya sea el coche de tus sueños, un par de zapatos o un perfume de parte de tu mejor amiga. ¡Siéntelo y recíbelo como si lo que está escrito en el papel ya fuera tuyo! Te invito a que hagas lo mismo por otras personas e ilumines sus corazones. El Universo te recompensará por tu bondad y altruismo. También puedes regalarte a ti mismo o a tus seres queridos algunas de mis meditaciones guiadas y otros ejercicios prácticos descargando tu regalo en: www.natashagraziano.com/freegift.

Durante el año más traumático de mi vida, comprendí que necesitaba ayuda urgente y empecé a hacer este ejercicio todos los días hasta que me curé. En mi primer año de sanación, no sólo superé mi enfermedad, sino que además gané mi primer millón de dólares, y todo esto menos de un año después de haber empezado a practicar con los ejercicios. Hoy en día continúo utilizando el método SMC todos los días; se ha convertido en un hábito, y los hábitos nos convierten en la persona que somos. De hecho, la ciencia asegura que a los treinta y cinco años somos una mezcla de todos los hábitos que hemos ido acumulando a lo largo de los años. Así que elige con cabeza. Ahora ya sabes cómo hacerlo. Leer este libro es el primer paso. Cualquiera puede mejorar su vida y vivir en abundancia simplemente siguiendo las enseñanzas y métodos que se ofrecen en este libro.

Todos somos un proyecto en desarrollo. Constantemente necesitamos perdonarnos a nosotros mismos y a los demás. Todos los días necesitamos aprender a ser más compasivos para alcanzar los objetivos con mayor rapidez y facilidad. Mañana por la mañana, quiero que pruebes algo nuevo en cuanto te levantes. Empieza agradeciendo todas y cada una de las cosas que tienes y eres. Regocíjate por lo mucho que amas todas las cosas que hay en tu vida. Agradece tu aliento, tu cuerpo, tu alma. Agradece ser una persona compasiva. Da gracias por todas las personas que te rodean y que te alientan todos los días, por aquellos que te han dado lecciones que te han ayudado a crecer. Agradece la comodidad de tu cama. Da gracias por tener una casa y por todo lo que posees. Mientras haces esto, siente cómo el amor se acumula en tu interior y se derrama.

Cuando despiertes, pon ambas manos sobre el corazón y repite en voz alta:

Amo mi vida.
Amo mi casa.
Me siento seguro.
Me siento feliz.

Este ejercicio de gratitud también es un estupendo método para calmar la ansiedad. Puedes repetirlo en cualquier momento, en cualquier lugar y tantas veces como quieras. Profundizaremos en esto en otro capítulo; por ahora limítate a concentrarte en este mantra y continúa repitiéndolo todos los días durante la meditación de atención plena o simplemente cuando necesites calmar tu cuerpo y tu mente, lo que te permitirá perdonar, dejar ir y abrir nuevos canales de expansión.

Ahora que ya conoces las herramientas para libertarte de los bloqueos que has ido arrastrando todos estos años, ha llegado el momento de empezar a aplicarlas en todos los aspectos de tu vida. Estoy muy orgullosa de ti. Has creado el espacio necesario para atraer a tu vida todo lo que necesitas, convertirte en una persona nueva y vibrante, y alcanzar tus objetivos más rápido.

Capítulo 4

El secreto del método SMC

¿Qué es el método SMC? El método de Sincronicidad Meditativa Conductual es un método de mi propia cosecha mediante el cual he podido transformar mi vida y la de millones de personas. De modo que, si estás dispuesto a probarlo, también puede transformar la tuya. Gracias a la combinación entre prácticas ancestrales, modalidades científicamente respaldadas por numerosos estudios y técnicas de alineación, fui capaz de dar con la llave que abría la puerta de la abundancia en todos los ámbitos de mi vida. Cada herramienta se convirtió en un ingrediente fundamental del método SMC, un método que, como me ocurrió a mí, puede provocar un cambio natural y duradero en tu vida al abrir la puerta de la plenitud desbordante en todos los aspectos de tu existencia.

En el libro *El poder de tu mente subconsciente*, Joseph Murphy escribe: «Para deshacernos de la oscuridad necesitamos luz. Para vencer el frío necesitamos calor. La forma de superar el pensamiento negativo es sustituirlo por buenos pensamientos; al afirmar lo bueno, lo malo se desvanece».[1] Esta parte del libro tocó una fibra sensible dentro de mí la primera vez que lo leí. Embelesada con cada una de sus palabras, me di cuenta, por primera vez en mi vida, de que la forma de atraer y crear todo lo que quería era muy sencilla: debía desprenderme de los pensamientos o creencias negativos y sustituirlos por otros positivos. Inmediatamente me puse a investigar cómo podía lograrlo. Aunque mucha gente cree que simplemente con decir «vale, voy a deshacerme

---

1. MURPHY, JOSEPH: *El poder de tu mente subconsciente*, Arkano Books, Madrid, 2009.

de esto», la negatividad desaparecerá como por arte de magia, en realidad, las cosas no funcionan así. Para ser capaz de eliminar años de negatividad reprimida, uno debe comprometerse a «hacer el trabajo» concienzudamente. No nacemos siendo negativos; la negatividad es algo que se aprende a través de la experiencia directa, así que, para cambiar y, en última instancia, eliminar la negatividad, debemos llegar a la raíz del problema.

Tras perderlo todo en el lapso de un año, finalmente entendí que el único lugar donde aún no había buscado respuestas a todas mis plegarias era dentro de mí. Cuando mi realidad exterior se vino abajo, supe que nunca volvería a encontrar el camino a menos que me comprometiera a sanarme internamente, tanto por mi hijo como por mí misma, y salir del agujero más oscuro en el que jamás había estado. Me embarqué en esta misión no sólo para aprovechar mi ilimitado potencial humano, sino también para hacerlo de un modo que me permitiera transmitir los conocimientos que iba acumulando y ayudar a otras personas a conectar con su fuerza interior. Me adentré en el mundo de la neurociencia, aprendí de yoguis y exploré varios métodos y prácticas. Mis numerosas indagaciones finalmente me llevaron a descubrir quién era realmente, y gracias al método SMC, alcancé el despertar y la iluminación interior.

Durante el año posterior a mi recuperación, adquirí las herramientas, la confianza y el poder para llegar a convertirme en la mejor versión de mí misma. Dejé de estar arruinada. Me dediqué a dar conferencias ante decenas de miles de personas por todo el mundo. A veces me pellizcaba y pensaba: «¿Realmente soy yo la que está logrando todas estas cosas tan importantes?».

Pues sí, era yo. Estaba en el camino de *convertirme* en la mejor versión de mí misma.

Actualmente, no sólo soy una autora de éxito gracias a mi primer libro, *The Action Plan*, sino que mi presencia en la mayoría de las redes sociales también ha aumentado exponencialmente. Una cosa está clara: si a la gente le caes bien, se vuelve más receptiva al contenido que tratas de comunicar. Te permitirán que les cojas de la mano y los guíes hacia la mejor versión de sí mismos. Ser «popular» me ha permitido llegar adonde estoy hoy. Mi mayor regalo es ayudar a gente de todo el mundo como parte de mi dharma, mi propósito vital. No podría haber pedido mayor bendición que difundir positividad, amor, trucos útiles y el método SMC.

Cuando ayudo a la gente a transformar su mentalidad a través de sesiones individuales de *coaching* o cursos en línea, siempre les recuerdo que mis enseñanzas sólo les proporcionarán las herramientas necesarias para coger las riendas de su vida. La verdadera solución, la magia, ya está dentro de ellos. Si mis enseñanzas han demostrado algo una y otra vez es que, en cuanto se eliminan las creencias restrictivas iniciales, el método SMC permite sanar y transformar cualquier aspecto de la vida. Una vez disponemos de las herramientas y creamos el espacio necesario para construir ese puente, podemos empezar a avanzar para manifestar todo lo que deseamos. Durante el proceso, tu confianza irá creciendo exponencialmente, lo que te permitirá cruzar mucho más rápido el puente que conduce a la abundancia, la alegría, la luz y el amor.

Meditación: técnicas de respiración ancestral; prácticas holotrópicas que crean estados modificados de la conciencia y que permiten alinearnos a una mayor receptividad para la transformación.

Todos los seres vivos respiran. La respiración es la base de nuestra existencia en el planeta; sin embargo, la mayoría de la gente no respira bien. En algún punto de nuestra vida aprendemos a respirar desde el pecho. Nuestra respiración se vuelve superficial, seguramente debido al aumento de la ansiedad y el estrés provocados por las exigencias cotidianas de la vida adulta. Para la mayoría de la gente, tanto niños como adultos, la «respiración natural» se caracteriza por una elevación de los hombros con cada inhalación y un hundimiento de éstos con cada exhalación. La respiración correcta y funcional se origina en el diafragma y conlleva la activación de la parte inferior de las costillas, lo que permite que los pulmones se expandan y contraigan hasta alcanzar su capacidad óptima, la cual, según la Asociación Americana del Pulmón, se sitúa alrededor de los seis litros de aire (unas tres botellas grandes de refresco) tanto durante el estado de reposo como durante la práctica de ejercicio físico. Una respiración correcta favorece la liberación de la tensión de los músculos respiratorios secundarios, como el cuello o los hombros. Aunque parezca irónico, respirar no debería representar un esfuerzo. Si observas respirar a un bebé, notarás que su barriguita se expande y contrae suavemente como si se tratara de una pulsación natural cada vez que el aire entra y sale de su pequeño cuerpo. Los bebés pueden enseñarnos muchas cosas acerca del arte de respirar, algo muy importante si tenemos en cuenta que en la edad adulta debemos practicar de forma consciente si deseamos volver a hacerlo correctamente. Afortunadamente, el origen de los malos hábitos respiratorios no es genético; dado que los aprendemos en algún momento de nuestra vida, también podemos desaprenderlos. Y qué mejor momento para empezar que éste.

Gracias a una feliz casualidad, en los últimos años de la adolescencia, descubrí la antigua respiración diafragmática durante un viaje a Chipre. Casi toda mi familia es originaria de las montañas de Chipre, y muchos de ellos actualmente siguen viviendo allí. Durante mi adolescencia viajaba a la isla para pasar el verano con mi familia, y como era una adolescente un tanto rebelde, no siempre me parecía el mejor plan para las vacaciones. Si he de ser sincera, recuerdo que me aterraba la idea de regresar a Chipre y volver a enfrentarme a una cultura que me resultaba ajena. Así que puedes imaginarte cuál fue mi reacción cuando mis padres me anunciaron a los dieciocho años que me enviaban a un monasterio para que pudiera sumergirme por completo en la cultura de mis antepasados.

A los dieciocho años, pasar todo un verano en un monasterio haciendo cosas por las que aparentemente no sentía el menor interés me parecía una auténtica pesadilla. Sin embargo, a medida que pasaban los días, empecé a entender por qué me habían enviado allí. Recuerdo con claridad un día en concreto. Estábamos dando uno de nuestros habituales paseos por la montaña; el Sol brillaba con fuerza, pero el aire era frío. Y entonces algo me llamó la atención. Oí cómo alguien me llamaba por mi nombre y me separaré del grupo para acercarme a la voz. Era un hombre que estaba solo, sentado sobre la hierba; tenía los ojos cerrados, las piernas cruzadas y los brazos apoyados sobre las rodillas. Transmitía una gran tranquilidad. Era una de las escenas más serenas que había presenciado nunca.

Me atreví a acercarme lentamente a él, cada vez más asombrada por lo que estaba viendo. Nunca había visto nada igual. Era como si mi visión estuviera en modo retrato: todo lo que me rodeaba se desvanecía lentamente mientras mi mirada se centraba en el hombre sentado a solas sobre la hierba.

—¿Le importa que me siente a su lado? –me atreví finalmente a romper el silencio–. Desprende una energía muy serena y poderosa.

El hombre abrió los ojos y, esbozando una sonrisa, palmeó el suelo a su lado para indicarme que podía acompañarle en lo que fuera que estuviera haciendo. Volvió a cerrar los ojos y continuó con lo que parecía ser una respiración increíblemente intensa. Le brillaba el rostro. Era como si estuviera en otra dimensión. Yo le observaba asombrada, desesperada por saber qué estaba haciendo exactamente. Deseaba encarnar la poderosa energía que tan bellamente irradiaba aquel hombre. De pronto comprendí que estaba allí por alguna razón y me propuse aprender todo lo posible de aquel hombre tan misterioso.

Al terminar su práctica, él abrió lentamente los ojos y giró la cabeza para mirarme.

—Tengo 105 años –me dijo. No los aparentaba, por lo que abrí mucho los ojos, sorprendida–. Nunca he estado enfermo, ni he tenido ningún problema con mis sentidos o de fatiga… Y todo porque aprendí a respirar –aseguró en voz baja, toda una vida de sabiduría oculta detrás de sus palabras. Yo estaba intrigada. ¡Nunca había pensado que necesitara aprender a respirar! Estaba segura de que la gente lo hacía de forma natural. ¿Qué había que aprender?

En nuestra primera conversación, el yogui me explicó que la forma en que respiramos determina los años que viviremos.

—La respiración puede curarte y alimentarte –añadió.

Me habló de la importancia de respirar profunda, controladamente, y de cómo la respiración influye en todos los aspectos de nuestra vida. Me explicó su experiencia personal y cómo los ejercicios de respiración le ayudaron a sobrevivir y superar diversas contrariedades a lo largo de su vida. Según él, debía su larga y saludable existencia al mero hecho de respirar correctamente. Estaba fascinada.

—Quiero aprender a hacerlo –le dije tras varias horas de interminable conversación. Le supliqué que me enseñara sus ejercicios respiratorios y él accedió. Me sentí libre, poderosa, como si pudiera hacer todo lo que me propusiera. Dejé de sentirme ansiosa y nerviosa; todo en mi vida parecía mucho más claro.

Al despertar a la mañana siguiente, sólo podía pensar en los enriquecedores momentos que había pasado junto al sabio yogui el día anterior. Volví a subir la montaña apresuradamente con la esperanza de encontrarme de nuevo con él. El hombre estaba en el mismo lugar. Volví a hacer los ejercicios de respiración y me di cuenta de que ya no quería marcharme del monasterio. Aquel ser iluminado me había hecho descubrir un nuevo mundo. Lo único que quería era seguir aprendiendo todo lo que pudiera de él. Todos los días regresaba al mismo lugar para practicar los milenarios ejercicios de respiración pranayama que él me había enseñado. Poco a poco, empecé a dominarlos. Con cada nueva práctica, sentía como si una dimensión superior de la conciencia se abriera ante mí para que la explorara libremente, dándome una paz y unas posibilidades infinitas, y todo gracias al hecho de estar respirando correcta y profundamente.

Posteriormente pude corroborar en la literatura especializada los asombrosos y persistentes efectos que estaba experimentando gracias a las sabias enseñanzas del yogui. Según los doctores Xiao-Xi Zhang y Zu-Hai Zhao, «el impacto de los ejercicios respiratorios en la homeostasis oxígeno-dióxido de carbono mediante una respiración normal es crucial para un buen estado de salud, mientras que la alteración de la homeostasis puede provocar diversos trastornos, especialmente cáncer».[2] Con el tiempo, las ancestrales técnicas de respiración de pranayama también fomentan una mejor conexión entre el cuerpo y la mente, ayudándonos a mantenernos alineados y en equilibrio. Estos métodos, que tienen su origen en las prácticas yóguicas de India, producen efectos positivos en el sistema inmunitario, la función cognitiva, los pulmones, la regulación de las emociones, la ansiedad y la gestión del estrés. Además, también son eficaces para reducir trastornos psicosomáticos como la hipertensión arterial o las migrañas.

---

2. WEI-JIE WU *et al*: «Morning breathing exercises prolong lifespan by improving hyperventilation in people living with respiratory cancer», *Medicine,* vol. 96, n.º 2 (enero de 2017), doi: 10.1097/MD.0000000000005838.

Las técnicas de respiración existen desde los albores del tiempo y están presentes en prácticamente todas las culturas: en la medicina china, en la filosofía japonesa, india, griega y hawaiana, así como en las culturas tibetana, amárica, maya, egipcia o quechua. En la actualidad, todas estas importantes prácticas siguen ayudando a la gente a vivir en un estado elevado de la conciencia. Tras practicar todos los días, como si se tratara de un ritual, los ejercicios de respiración que había aprendido en Chipre, comprendí que podía enfrentarme a la vida con un sentimiento de gratitud, fortaleza y optimismo. Estaba preparada para superar cualquier obstáculo. Era una sensación realmente hermosa.

Unos cuantos años después, cuando me tocó vivir los momentos más negros de mi vida, cuando me sentía absolutamente perdida, arruinada y desesperanzada, recordé el día que había conocido al yogui en Chipre. La enfermedad que padecía me estaba matando, literalmente, y la idea de no poder hacerle de madre a mi hijo me atormentaba día y noche. Estaba perdiendo lentamente la fe tanto en mí misma como en mi vida. Recuerdo que me parecía imposible curarme, superar *aquella* situación; estaba convencida de que la única salida era aceptar la persona en que me había convertido. Aun así, algo me empujaba a ponerme en contacto con el yogui que había conocido en Chipre. De modo que reuní las pocas fuerzas que me quedaban y le escribí una carta. No tenía su número de teléfono, pero sí una dirección que esperaba que aún funcionara. Ya le había escrito antes, para agradecerle todo lo que me había enseñado, aunque él nunca me había contestado. Pero, como estaba desesperada, decidí escribirle. La carta decía algo parecido a esto: «Ahora mismo estoy pasando por un bache en mi vida. Tengo muchos problemas, físicos, mentales, espirituales y emocionales. Siento que necesito hablar con usted, que me ayude a salir de esta situación. Recuerdo todo lo que me enseñó sobre la respiración. Me dijo que la respiración profunda sana. Así que me encantaría volver a hablar con usted». Añadí mi número de móvil con la remota esperanza de que se pusiera en contacto conmigo.

Me llamó una semana después de haber enviado la carta. Cogí el móvil, angustiada. No había dejado de pensar en él ni un segundo desde el día en que había enviado la carta. «Te ayudaré. Te enseñaré lo que tienes que hacer», me dijo inmediatamente después de saludarme.

Me recordó todas las enseñanzas que había compartido conmigo años atrás y me orientó en las antiguas prácticas que enseñaba. Tras colgar, continué meditando. Le estaba muy agradecida. Al cabo de un rato, mi energía aumentó ligeramente; me sentía mejor. En ese preciso instante nació la «M» del método SMC. Combiné las ancestrales enseñanzas yóguicas con la meditación, ejercicios de respiración, programación neurolingüística (PNL), autohipnosis y prácticas introspectivas de *mindfulness* y empecé a ponerlo en práctica todos los días. La sinergia de todas estas modalidades creó algo tan profundo, tranquilizador, curativo y fácil de aplicar que pensé que también podría resultarle útil a otras personas.

Recuperé lentamente mi luz interior. Volvía a sentirme yo misma: feliz, optimista y cada día con mejores perspectivas de salud. La chica que se sentía constantemente derrotada por la vida había desaparecido. Los pensamientos y las emociones negativas que antes me habían dominado por completo ahora formaban parte del pasado y, como por arte de magia, la enfermedad autoinmune que padecía desapareció de un día para otro. Por fin estaba tomando las riendas de mi vida y convirtiéndome en la persona que quería ser.

Los procesos curativos, por supuesto, no son lineales. Pueden compararse a una montaña rusa, con subidas vertiginosas y bajadas estrepitosas que sientes en la boca del estómago. A veces vas tan rápido que pierdes de vista tu destino. No obstante, si estás comprometido e implicado contigo mismo en todo momento, es imposible que no termines sanando.

Una de mis técnicas ancestrales de respiración favoritas para este proceso de sanación es la respiración nasal alterna (Nadi Shodhana Pranayama). Suelo repetir el ejercicio veintisiete veces, ya que, según los antiguos gurús y sabios, los múltiplos de nueve están sincronizados con nuestros ritmos biológicos internos. Así es cómo debes hacerlo:

Presiona suavemente con el pulgar una de tus fosas nasales e inhala a través de la otra. A continuación, cambia el pulgar de lado y exhala a través de la fosa nasal que estaba tapada inicialmente. Es decir, presiona la fosa nasal derecha con el pulgar. Exhala e inhala profundamente por la fosa nasal izquierda. Contén la respiración mientras liberas la fosa nasal derecha y presionas la izquierda con el dedo corazón. Ahora exhala por la fosa nasal derecha y vuelve a inhalar. Contén la respiración mientras liberas la fosa nasal izquierda y vuelves a la derecha. Ves pasando de una a otra, alternando las fosas nasales durante ciclos de nueve. Notarás cómo se despeja tu mente y disminuye tu ritmo cardíaco.

Este ejercicio te permitirá entrar en contacto con tus emociones más profundas, calmar la ansiedad y el estrés y regresar tranquilamente al momento presente. Gracias al Nadi Shodhana Pranayama, descubrí y, con el tiempo, liberé muchas emociones sin procesar que se habían ido acumulando en mi interior y que me impedían tener una vida plena.

Podemos recurrir a diversas técnicas de respiración en función de nuestros objetivos: revitalizarnos, concentrarnos, dormir mejor o conectar más auténticamente con nosotros mismos. Algunas de estas técnicas han sido muy importantes en mi transformación. Puedes acceder a todas ellas a través de mis portales en línea. Espero que decidas empezar tu viaje hacia la autoconciencia y la autorrealización a través de la meditación y la respiración, pues es el camino directo para descubrir tu auténtico yo y la persona que estás destinado a ser. Comprométete contigo mismo desde este mismo instante. Comprométete con el proceso. Si has llegado hasta aquí significa que ya estás comprometido y preparado para sanar y dar el siguiente paso para manifestar la vida que realmente deseas.

Me encanta esta reflexión de Joe Dispenza acerca del poder de la meditación: «La meditación abre la puerta entre la mente consciente y la subconsciente. Meditamos para entrar en el sistema operativo del subconsciente, donde residen todos los hábitos y comportamientos no deseados, y los cambiamos por otros más productivos para que nos ayuden en nuestra vida». La meditación y la respiración son el puente que te permite acceder a la mente subconsciente y avanzar hacia tu nueva vida. Comparto todo esto contigo porque no quiero que pierdas el tiempo y la paciencia buscando respuestas y formas eficaces de hacer realidad dicha transformación. Creo sinceramente en mi método porque tanto a mí como a millones de personas más nos ha funcionado; es lo que me hubiera gustado encontrar durante mi travesía por el desierto.

Conductual: Neurociencia y neuroplasticidad

El aspecto conductual del método SMC hace referencia a la neurociencia que respalda la Ley de la Atracción. Es posible que esto te sorprenda y exclames: «¿Cómo? ¿Espiritualidad *New Age* y ciencia en el mismo capítulo?».

Así es; vamos a combinar ambas cosas.

Pese a ser una persona muy espiritual, siempre he tenido la necesidad de respaldar mis creencias con estudios científicos y médicos para entender cómo funcionan las cosas desde una perspectiva biológica.

Ya hemos hablado de la mente subconsciente, de la consciente y del SAR, que, como ahora ya sabes, explica que nuestra realidad exterior es el reflejo directo de un conjunto personal de creencias, pensamientos y sentimientos. También hemos hablado de la importancia que tiene sustituir las creencias restrictivas por otras positivas y crear un espacio que dé cabida a todo lo nuevo que está a punto de llegar a tu vida. También eres consciente de la importancia que tiene una mentalidad adecuada y estar alineado con tus pensamientos, emociones y acciones para dar forma a la vida que deseas. Todo esto está íntimamente relacionado con la ley de la atracción: atraemos lo que somos. Y no somos más que la suma de todo aquello que hemos dejado entrar en nuestra vida: las personas con las que nos relacionamos, las conversaciones que mantenemos, lo que vemos, leemos y escuchamos, pero también lo que aprendemos, creemos y terminamos haciendo. Por tanto, es muy importante que seas completamente consciente de todo aquello con lo que alimentas tu mente. ¿Te ayuda a mejorar o a crecer de algún modo? ¿O es algo que sería mejor que eliminarás de tu vida por completo?

Los pensamientos no aparecen por arte de magia. Incluso un pequeño pensamiento tiene el potencial de iluminar simultáneamente diversas partes del cerebro. El cerebro es como un superordenador que recibe un millón de unidades de información por segundo, y el tipo de información que circula a través de él condiciona su funcionamiento.

Los pensamientos suelen activarse sin nuestro control consciente. Normalmente, lo hacen por una situación concreta o una persona, una conexión significativa, un recuerdo, algo que vemos, oímos, leemos, aprendemos… La lista es interminable. El truco consiste en identificar los desencadenantes de tu entorno que activan tus pensamientos. Sólo podemos cambiar aquello que hemos identificado previamente. Una vez hayas identificado los desencadenantes de tus pensamientos, dependerá de ti cambiar de entorno, las personas a las que sigues en las redes sociales o incluso el tipo de series que ves. Puede que sientas la necesidad de volver a tomar las riendas de tu mente y de sumergirla en el tipo de información que la programe para pensar como deseas que piense. De ese modo, cuando tengas que tomar una decisión y las redes neuronales internas compitan unas con otras, lo más probable es que la red que se active sea una positiva.

Según un estudio reciente realizado por científicos del King's College de Londres: «Los pensamientos negativos repetitivos (PNR) durante un período prolongado de tiempo pueden provocar daños en la capacidad del cerebro para pensar, razonar y crear recuerdos. Los PNR son habituales en personas que sufren depresión, ansiedad, trastornos del sueño, estrés postraumático y estrés vital, todo lo cual está asociado a un mayor riesgo de sufrir alzhéimer. Los PNR pueden darse sin que seamos conscientes de ello y pueden llegar a agotar los recursos cerebrales a nuestra disposición. Además, los PNR desencadenan una respuesta de estrés físico en el cerebro que, de prolongarse en el tiempo, puede provocar daños y reducir la capacidad del cerebro para combatir la enfermedad de Alzheimer».[3] Así pues, los pensamientos negativos afectan tanto a la salud general como al rendimiento del cerebro a largo plazo, con consecuencias perjudiciales para nuestra calidad de vida. Por el contrario, cuando tenemos pensamientos positivos, aumenta nuestra capacidad de concentración y somos capaces de comprender mejor la información y analizar los datos de forma más coherente. Los pensamientos positivos también consolidan la conexión de las neuronas en el interior del cerebro, neuronas que se activan y conectan entre sí, lo que se traduce en una mejora espectacular de las capacidades cognitivas, como la productividad, la creatividad y la resolución de problemas.

---

3. King's College London: «Do negative thoughts increase risk of Alzheimer's disease?». (17 de noviembre de 2014), medicalxpress.com/news/2014-11-negative-thoughts-alzheimer-disease.html

Los pensamientos y las emociones influyen en todas nuestras acciones, en cada decisión e impulso y, en última instancia, definen el curso de nuestra vida. Envían señales a los neurotransmisores de nuestro cerebro para que clasifiquen y distribuyan por todo el cuerpo, y por orden de importancia, toda la información que procesamos mediante la liberación de hormonas, el intrincado sistema de mensajería que convierte a los pensamientos en acciones. Tanto si tus pensamientos son predominantemente negativos como positivos, tu cuerpo (es decir, tu sistema nervioso) reaccionará de forma acorde. Lo mismo ocurre con las emociones. Las emociones y los pensamientos están estrechamente relacionados, y ambos suelen activarse mutuamente en diferentes contextos o circunstancias para producir las mismas sustancias neuroquímicas en el cerebro. Si te sientes alicaído, intenta pensar en positivo. Si te pasas el día teniendo pensamientos negativos, cambia tu narrativa lo antes posible haciendo algo que te haga sentir bien.

Conectar con nuestras emociones es muy útil para hacer realidad la vida que deseamos. Una de las cosas que más me gusta hacer para activar mi poder creativo y desencadenar emociones positivas es escribir en mi diario. Escribir hace que el cerebro trabaje a pleno rendimiento, pues se activa la corteza prefrontal ventrolateral, responsable de la concentración, la planificación, la predicción, la coordinación, el desarrollo personal, el ajuste de conductas complejas y la determinación y consecución de objetivos. No hay una forma correcta o incorrecta de escribir. No te preocupes por la gramática ni por la caligrafía. No tienes que producir un texto estéticamente bello. Sólo lo vas a leer tú. Consigue un diario o, de momento, algo de papel y un bolígrafo, y empieza a escribir.

Tener un diario personal donde poder anotar tus objetivos, pensamientos, sentimientos y visualizaciones es fundamental para alcanzar la excelencia. Tiene que convertirse en algo que te apetezca seguir ampliando. ¿Y por qué no debería apetecerte? Al escribir, descubres una parte mucho más profunda de ti mismo. A veces no me encuentro bien y no sé exactamente por qué, pero en cuanto empiezo a escribir en mi diario, me llega la respuesta. Escribir ha sido una parte fundamental de mi viaje de sanación. Me ha ayudado a descubrirme a mí misma, a sentirme más a gusto, a obtener una mayor claridad, a mostrarme más agradecida y, en definitiva, a ser la persona que soy actualmente. Si te gusta escribir tanto como a mí, incluso puedes tener diversos diarios para cada método de escritura. Yo personalmente tengo mi diario de gratitud, el de sentimientos, el de objetivos y el diario del pasado, donde escribo un cuento de hadas sobre mí misma.

En mi diario de gratitud, que se titula *Érase una vez*, doy las gracias por todo lo que me rodea, pero también por lo que hay dentro de mí. Es un espacio en el que me doy las gracias a mí misma por todo lo que he superado y donde también agradezco el apoyo de la gente que me rodea. Es donde doy gracias por el pasado, aunque haya sido doloroso, por el momento presente y por todo aquello que aún está por llegar. Me he dado cuenta de que dar las gracias es el camino más sencillo y fácil para atraer a tu vida todo lo que deseas; hace que tu mente se centre todos los días en los pensamientos positivos. La gratitud es la frecuencia que acciona el interruptor para transformar la escasez en abundancia.

El diario de sentimientos es donde vuelco todas las experiencias significativas que me afectan emocionalmente. Escribir en este diario me ayuda a deshacerme de los sentimientos negativos y a mejorar mi estado de ánimo. Es un espacio seguro, libre de juicios de valor, comparaciones o remordimientos. Es un lugar donde puedo escribir abiertamente acerca de todo lo que pienso y siento. Normalmente termino las entradas con algo parecido a esto: «Ahora que lo he sacado todo, estoy preparada para avanzar hacia la nueva versión de mí misma y dejar todo esto atrás».

El diario de objetivos y del pasado forman una unidad. Se trata del diario más poderoso, el que más me ha ayudado a tener una visión mucho más clara y a materializar exactamente lo que quiero materializar. Lo primero que hago es cerrar los ojos e imaginar qué quiero conseguir con la mayor precisión posible. Tu cerebro (todavía) no tiene forma de saber si lo que estás pensando es real o no. Antes de actuar, es fundamental tener una visión clara de lo que quieres hacer. Imagina todos los detalles, colores, sentidos y sensaciones. Céntrate en las sensaciones. ¿Qué sientes al poder manifestar aquello que más deseas? ¿Qué energía emana de ese escenario imaginario? Siéntelo de verdad y ponlo por escrito. Después de tener totalmente claro mi objetivo principal, lo que hago (y lo que quiero que tú también hagas) es anotar los tres objetivos que quiero conseguir cada día. Todas las noches, antes de acostarte, anota tres pequeños objetivos que te sirvan de trampolín para alcanzar el objetivo mayor. A continuación, escribe debajo tres objetivos aún más asequibles que puedas conseguir de forma inmediata. Pueden ser cosas realmente insignificantes como, por ejemplo, escribir un diario, preparar la cena de los niños, hacer la cama a primera hora de la mañana o practicar yoga. Los pequeños objetivos cumplidos se irán acumulando lentamente, acercándote progresivamente a tu gran objetivo final, el cual siempre tendrás mentalmente presente.

Los pequeños objetivos son mucho menos intimidantes y te proporcionan una satisfacción inmediata, además de ser sostenibles a largo plazo. Si cumples con tres pequeños objetivos al día, al cabo del año habrás conseguido realizar 1 095 objetivos que te acercarán cada vez más a tu propósito final. ¿No te parece increíble? Gracias a la satisfacción que provoca el hecho de haber alcanzado tus objetivos, el SAR de tu cerebro exclamará: «Soy un triunfador», y tu realidad, atención y percepción de lo posible girarán como un imán en la dirección de la materialización que estás afirmando.

No esperes ni un momento más. Deja de leer ahora mismo y anota en tu diario tu objetivo principal y tres objetivos secundarios para hoy. Céntrate en el beneficio que obtendrás de tus próximas acciones y en cómo éstas te ayudarán a alcanzar tu objetivo. Es algo muy parecido a subir a la cima de una montaña. Debes avanzar con paso firme y regular. Si te aseguras de que cada uno de tus pasos tiene una intención, antes de darte cuenta habrás llegado a la cima. Y la vista desde arriba es tan espectacular que olvidarás rápidamente las penurias por las que has tenido que pasar.

La neuroplasticidad es un término que se usa en neurociencia para definir el proceso de renovación y reprogramación del cerebro, la capacidad de éste para adaptarse a las experiencias, enseñanzas o incluso lesiones. Estamos ante un proceso continuo que puede darse en cualquier momento y en cualquier fase de la vida. Cuando aprendemos una nueva habilidad, el cerebro literalmente se transforma y adapta para volverse más eficaz y apropiado para la habilidad específica que estamos desarrollando. La nueva información que asimilamos crea nuevas redes neuronales. (Por eso mismo, el ser humano es capaz de superar dolencias como el TDAH, el autismo, los trastornos del desarrollo o los derrames cerebrales).

La fijación de objetivos, como explica la Dra. Rebecca J. Compton, conlleva una serie de procesos que reestructuran y remodelan físicamente el cerebro (neuroplasticidad) para que éste pueda alcanzar las metas deseadas de una forma más adecuada, óptima y eficaz. Técnicamente, el proceso es el siguiente: «En primer lugar, el sistema subcortical, en el cual participa la amígdala, evalúa la relevancia emocional; en segundo lugar, los estímulos que se consideran emocionalmente relevantes obtienen prioridad en la competencia para el acceso a la atención selectiva. En dicho proceso intervienen aportes ascendentes procedentes de la amígdala, así como influencias descendentes que se originan en las regiones del lóbulo frontal y que intervienen en la fijación de objetivos y el mantenimiento de representaciones en la memoria activa».[4]

En otras palabras, el cerebro se adapta para que sigas centrado en conseguir los objetivos que la amígdala (la parte del cerebro responsable de las emociones, la memoria y la activación de la respuesta de lucha o huida) determina, después de exhaustiva consideración, más importantes para ti.

Ahora bien, el objetivo más relevante debe ser, evidentemente, tu objetivo principal. Es decir, el gran objetivo que anotaste en tu diario y del que se derivan tus pequeños objetivos diarios. Los más de cien estudios realizados por la Asociación Americana de Psicología (APA) revelan que los objetivos concretos y difíciles de conseguir pueden fomentar un mayor rendimiento y mejores resultados que los más fáciles o imprecisos.

Tener un objetivo ambiguo es como no tener. También ha quedado demostrado que los plazos cortos favorecen un mejor ritmo de trabajo que los largos. Por eso es tan importante fijar una fecha y una hora concretas en tus programaciones. Como dice Elon Musk: «Si te

---

4. ROBINSON, MICHAEL D. & COMPTON, REBECCA J.: «The happy mind in action: The cognitive basis of subjective well-being». En EID, M. & LARSEN, R. J.: *The Science of Subjective Well-being.* Guilford Press, 220-238 (2008).

das treinta días para limpiar la casa, tardarás treinta días en hacerlo. Pero si te das tres horas, la tendrás limpia en tres horas. Lo mismo ocurre con tus objetivos, ambiciones y potencial».

Un estudio de la APA reveló lo siguiente: «99 de los 110 estudios realizados llegaron a la conclusión de que a través de los objetivos concretos y ambiciosos se obtiene un mayor rendimiento que con los objetivos estándar, asequibles, del tipo "haz lo que puedas", o cuando no se tiene ninguno. Esto representa una tasa de éxito del 90 %». Y añade: «Dado que la fijación de objetivos funciona, es importante preguntarse de qué modo afecta al rendimiento en las tareas. Consideramos que la fijación de objetivos es principalmente un mecanismo para fomentar la motivación (aunque también participan elementos cognitivos). El concepto de motivación se utiliza para explicar la dirección, la amplitud (esfuerzo) y la duración (persistencia) de una acción. No es sorprendente, por tanto, que los tres elementos se vean afectados por la fijación de objetivos. Fundamentalmente, los objetivos dirigen la atención y la acción».[5]

 Alcanzar un objetivo es comparable a aprender una lengua extranjera. Todo depende de una serie de hábitos, de una acción persistente y alineada y de pensamientos y emociones que crearán continuamente nuevas redes neuronales para permitirnos alcanzar los objetivos deseados. Fortalece la mente, la neuroplasticidad y los neurotransmisores. Comprender el funcionamiento de la Ley de la Atracción te ayudará a que la parte racional del cerebro implemente las prácticas y metodologías que encontrarás en este libro.

El otro aspecto de mi diario de objetivos y del pasado que me encanta, y que me ha ayudado enormemente, es escribir mi propio cuento de hadas.

Lo escribo en pasado y en tercera persona, como si el personaje principal, que se llama Natasha, estuviera viviendo la vida de sus sueños y hubiera logrado todo lo que se había propuesto. A estas alturas te sorprenderá saber que esta historia de fantasía se ha hecho realidad.

---

5. LOCKE, E.A., SHAW, K.N., SAARI, L.M., & LATHAM, G.P.: «Goal setting and task performance: 1969-1980». *Psychological Bulletin,* vol. 90, n.º 1, pp. 125-152 (1981), doi.org/10.1037/0033-2909.90.1.125

Actualmente estoy viviendo, en todos los aspectos de mi vida, mi propio cuento de hadas.

Siempre empiezo la historia del mismo modo: «Érase una vez una chica muy especial llamada Natasha Graziano y ésta es su historia». En realidad, al principio de la historia el nombre de la chica era Natasha Grano, pero con el tiempo se convirtió en Natasha Graziano. Éste es un ejemplo de las cosas que solía escribir: «Natasha siempre superaba todos los obstáculos que se le presentaban; además, sabía que estaba preparada para compartir la vida con un hombre inteligente. Finalmente se casó con el amor de su vida y su empresa siguió creciendo hasta alcanzar proporciones gigantescas. Natasha quería llegar a cientos de millones de personas y, cuando encontró el modo de hacerlo, todo estalló como el mayor espectáculo de fuegos artificiales de su carrera. Empezó comercializando sus programas a través de sus maravillosos contactos y amigos, quienes compartieron con ella sus misiones alineadas. Ellos confeccionaron sus encantadoras bases de datos y ella compartió su misión con el resto del mundo. Natasha apareció en las revistas más importantes del mundo, cumpliendo con su misión de ayudar cada vez a más personas. Y había conseguido todo esto a finales de 2021».

Lo que, por supuesto, conseguí hacer realidad.

Escribir algo así, como si ya hubiera pasado, hace que tu cerebro lo digiera, procese y crea que es verdad. La entrada anterior la escribí en el año 2020. Recuerda que, al incluir una fecha concreta, también estás ayudando a que tu objetivo se materialice en el tiempo y el espacio. Hace que te sientas más comprometido a lograr tus objetivos en ese marco temporal y, por tanto, aumentas las probabilidades de éxito. Si lo dejas abierto, podrías tardar años en materializar cualquiera de tus objetivos.

Puedes aplicar la neuroplasticidad a cualquier cosa que desees: salud, amor, riqueza, felicidad, abundancia financiera, etc. Napoleon Hill, cuya obra he tenido la oportunidad de estudiar durante años, dijo en una ocasión: «La mente puede lograr todo lo que es capaz de imaginar y creer». La neuroplasticidad es literalmente eso.

La ciencia moderna ha demostrado que cualquiera puede enseñar a su mente a manifestar de una forma más eficaz, ya que, gracias a la neuroplasticidad, las neuronas disponen de la flexibilidad necesaria para crear nuevas redes neuronales, lo que esencialmente nos permite transformar nuestra forma de pensar, comportarse y ser. Por ese motivo el proceso neuronal es tan importante para el método SMC. Con la ayuda de todas estas enseñanzas combinadas, es virtualmente imposible que no consigas hacer realidad la vida que deseas. La evolución empieza en tu interior. Accedemos a nuestros deseos a través de la mente; todo empieza como una semilla que regamos y cuidamos hasta que, con el tiempo, se convierte en un roble gigante que ni la tormenta más fuerte puede derribar. Planta la semilla en el jardín de tu mente, en el útero de tu alma. Deja que ese sencillo pensamiento se expanda y crezca hasta alcanzar proporciones gigantescas.

Hay una cita de la Biblia, de Mateo 21:22, que reza: «Y todo lo que pidiereis en oración, creyendo, lo recibiréis». Este versículo me gusta especialmente porque me recuerda que cuando rezamos, y no necesariamente a Dios, sino simplemente enviando nuestra intención al Universo, sintonizamos con un estado de gratitud, confianza y poder. El mero hecho de pedir lo que quieres y necesitas te permite estar abierto y preparado para recibir. Así que ¡no tengas miedo de pedir! No esperes ni un minuto más. No tienes nada que perder y todo por ganar. Establece un objetivo y, por muy ambicioso que pueda parecerte, puedes estar seguro de que tanto tu mente como el Universo trabajarán al unísono para hacerlo realidad.

Sincronicidad: alineación de los patrones de pensamiento con los sentimientos y las acciones para lograr la coherencia entre corazón y cerebro, y una alineación más profunda.

La coherencia cardíaca y cerebral, también denominada coherencia psicofisiológica, se refiere al equilibrio perfecto entre el estado psicológico (mental y emocional) y el fisiológico (corporal). Es decir, para poder convertirnos en la mejor versión de nosotros mismos y en un imán de la abundancia, nuestros pensamientos, sentimientos, deseos y acciones deben resonar al unísono. Según Rollin McCraty, director de investigación del Instituto HeartMath: «La coherencia psicofisiológica es el estado óptimo de funcionamiento. Las investigaciones demuestran que, al activar este estado, los sistemas fisiológicos funcionan de forma más eficaz, experimentamos una mayor estabilidad emocional y también tenemos una mayor claridad mental y una mejor función cognitiva. En otras palabras, nuestro cuerpo y cerebro funcionan mejor, nos sentimos mejor y rendimos mejor».[6]

Cuando estamos alineados, es más fácil manifestar, crear, atraer y lograr cualquier cosa que nos propongamos. Nos han engañado haciéndonos creer que o bien el cerebro controla al corazón, o bien el corazón controla al cerebro, cuando, en realidad, ambos trabajan de forma cooperativa. Tanto el corazón como el cerebro responden a los procesos iniciados por el otro. Los pensamientos, las emociones y las experiencias son elementos que afectan e influyen tanto al corazón como al cerebro; por tanto, es fundamental tener presentes a ambos durante el proceso de materialización. Deben trabajar juntos para evolucionar como uno solo. Cuando el corazón (la IE o inteligencia emocional) no está alineado con los procesos cognitivos, lo más probable es que entremos en un círculo vicioso de decepción, frustración y angustia.

Las ondas cerebrales no son las únicas vibraciones que emitimos. Como cabría esperar, el corazón emite un potente campo electromagnético que es sesenta veces superior a las ondas cerebrales. De hecho, puede detectarse y medirse con un simple electrocardiograma. Este campo electromagnético puede amplificarse en un radio aproximado de unos dos metros, por lo que podemos proyectar nuestra energía a otras personas. Es probable que alguna vez hayas oído a alguien referirse a la energía de una persona con el término aura; pues esto es a lo que se refieren. Estar satisfechos con la persona que somos influye de forma muy positiva tanto en nuestras relaciones como en nuestro rendimiento general.

Joseph Murphy, autor de *El poder de tu mente subconsciente*, escribe: «Si sintonizas con la inteligencia infinita y sigues en la senda de los pensamientos, sentimientos y acciones correctas, alcanzarás tus

6. MCCRATY, ROLLIN & ZAYAS, MARIA A.: «Cardiac coherence, self-regulation, autonomic stability, and psychosocial well-being». *Frontiers in Psychology*, vol. 5, n.º 1090 (29 de septiembre de 2014), doi:10.3389/fpsyg.2014.01090.

objetivos».[7] La sincronicidad es exactamente esto: la alineación de pensamientos, sentimientos y acciones. Una vez estás alineado, tus acciones se inspirarán en esta nueva combinación de pensamientos y sentimientos, y tu objetivo se hará realidad incluso antes de que te des cuenta.

En su libro *La ciencia de hacerse rico*, Wallace D. Wattles comenta: «Existe una materia pensante de la que surgen todas las cosas y que, en su estado original, impregna, penetra y llena los intersticios del Universo. Un pensamiento en esta sustancia produce aquello que es imaginado por el pensamiento».[8] Tu capacidad para acceder a ese estado superior de creación depende de tu nivel de alineación psicofisiológica, el cual imbuirá a tu ser de la percepción de unidad con el Universo. Somos lo que pensamos. Somos lo que sentimos. Somos lo que hacemos. Y, como resultado de ello, estamos donde estamos.

---

7. MURPHY, JOSEPH: *El poder de tu mente subconsciente.* Arkano Books, Madrid (2011).

8. WATTLES, WALLACE D.: *La ciencia de hacerse rico.* Edaf, Madrid (2022).

Capítulo 5

Cómo atraer la abundancia a todos los aspectos de tu vida

Hacer realidad tus deseos es mucho más fácil de lo que crees. Existe una gran variedad de métodos efectivos para lograrlo. Ya hemos visto algunos, y a lo largo de los años he enseñado muchos otros a mis clientes. Todos los métodos que aparecen en este libro, tras haberlos examinado detenidamente mediante un exhaustivo análisis, estudio y aplicación práctica en mi propia vida, son los que considero que tienen un mayor impacto.

Joseph Murphy, autor de más de treinta libros, entre los que se encuentra *El poder de tu mente subconsciente*, asegura que: «Dios es la fuente de mis reservas. Sus riquezas fluyen hacia mí libre, copiosa, abundantemente. Todas mis necesidades, económicas y de otra índole, están cubiertas en todo momento del tiempo y en cada punto del espacio. Siempre hay un excedente divino».[1] Imagina que vivieras según estos principios. Imagina que caminaras por la vida sabiendo que un poder superior –Dios, el Universo o como quieras llamarlo– está siempre pendiente de ti. ¿Cambiaría en algo tu forma de actuar? ¿Te sentirías diferente contigo mismo y con los demás?

La creencia inquebrantable en tu potencial ilimitado y en los poderes creativos del Universo te proporcionará la libertad que necesitas para crear y hacer realidad la vida con la que sueñas. Confía en conseguir todo lo que te propongas. Imagínate a ti mismo más allá de la

---

1. Murphy, Joseph: *El poder de tu mente subconsciente*. Arkano Books, Madrid (2011).

línea de meta. Créelo, siéntelo, asúmelo e inspírate para poder actuar de inmediato. ¿Por qué quedarse de brazos cruzados cuando dispones de tanto poder en tu interior para crear abundancia en todos los ámbitos de tu vida, en tu salud, en tus finanzas y en tu vida amorosa? En cuanto domines la mentalidad y el método adecuado, serás imparable. Déjame mostrarte cómo.

Déjame mostrarte cómo atraer la abundancia a un aspecto fundamental de tu vida: tus finanzas. Considera esto una guía de bolsillo para llevar a cabo milagros económicos.

Es importante que entiendas que, si crees de verdad en algo, de todo corazón, todo es posible. Tienes la capacidad de manifestar cualquier cosa que te propongas: dinero, el amor verdadero, una salud óptima. Te mereces experimentar la plenitud de la abundancia en todos los ámbitos de tu vida.

En las primeras etapas de mi despertar consciente, me quedé cautivada ante las ideas de los grandes filósofos y pensadores del pasado: Eckhart Tolle, Napoleon Hill, Joseph Murphy, Albert Einstein y Aristóteles, entre muchos otros. Todos ellos me ayudaron a expandir mi visión respecto a lo que comporta gozar del potencial para la libertad económica y entender que podía aprender muchas cosas de mis desgracias. Rumi, uno de mis poetas favoritos del siglo xvi, dijo: «La cura para el dolor está en el dolor mismo». Esta frase resonó dentro de mí como si se tratara de una profecía. Había tenido que pasar por una experiencia cercana a la muerte para descubrir el camino que lleva a la plenitud vital, y no habría cambiado absolutamente nada de todo ello.

Si alguien me hubiera dicho cuando estaba postrada en una cama qué me deparaba el futuro, que pronto pasaría de estar arruinada a hacer realidad la vida con la que soñaba, habría pensado que estaba loco. Jamás habría imaginado que el punto más bajo de mi existencia se convertiría en el combustible que iba a encender un fuego dentro de mí, una llama que me impulsaría a convertirme en la mejor versión de mí misma y en una inspiración y apoyo para millones de personas en todo el mundo. Tras años estudiando libros de crecimiento personal, buscando lo que creía que propiciaría la magia o el cambio dentro de mí, me encontré otra vez avanzando por una madriguera. Las circunstancias en las que me encontraba hacían que me cuestionara continuamente mis capacidades, que no dejara de preguntarme cómo iba a solucionar todos los problemas a los que me enfrentaba en aquellos momentos. Me sentía desesperanza, sacudida hasta las entrañas tras haber tocado fondo en la dura y fría roca. Entonces, un día me dije a mí misma: «Si estoy en el fondo, entonces el único camino es hacia arriba».

Por oscura que nos parezca la situación en la que estamos, todos los días hay un rayo de esperanza, una luz oculta en un rincón. Puede que dure sólo un segundo, pero si la encuentras y te concentras en esa luz, si te dejas inundar por esa energía, tendrás la oportunidad de seguirla, de hacer algo mágico con ella. Serás capaz de cambiar la narrativa de tu realidad, transformarla en algo que hará que te invada una gran emoción ante lo que te depara el futuro.

En cuanto empecé a mejorar, tuve una epifanía. Comprendí que todo el mundo crea su propia realidad. De modo que empecé a aplicar el método SMC a todos los ámbitos de mi existencia. Una vez fui consciente, gracias a mi propia experiencia, de los beneficios curativos de mi método, mi fe en su poder se vio fortalecida. A continuación, decidí aplicarlo a mis finanzas. Empecé por deshacerme de todas las creencias autorrestrictivas en torno al dinero. Hasta aquel momento ignoraba que tuviera alguna, y tampoco estaba dispuesta a reconocer que eran mi mayor impedimento para lograr la libertad financiera. Recordé que, de niña, mis padres solían decir cosas como éstas: «No tenemos suficiente dinero. No podemos comprarte un nuevo par de zapatos para el colegio cada año. El dinero no crece en los árboles». ¿Alguna de estas afirmaciones resuenan en tu interior? Es posible que de joven también tuvieras que enfrentarte a un potente tabú respecto al dinero parecido al que describo.

El acto de retroceder en el tiempo, revisar nuestra historia y reconocer dónde se originan esas creencias inicia el proceso de desenmarañamiento. Para poder deshacernos de nuestras creencias primero debemos ser conscientes de ellas.

De niña, me encantaba la gimnasia. Cuando tenía doce años participaba en competiciones nacionales representando al sur de Inglaterra. Y recuerdo cómo los otros niños disfrutaban con los tentempiés. Tenían dinero para comprar cosas en las máquinas expendedoras, algo que en aquel entonces era muy emocionante para cualquier niño. Sin embargo, yo no podía participar de su entusiasmo, pues ni siquiera podía permitirme una chocolatina. Estaba continuamente avergonzada, me sentía la rara del grupo. Esa situación, que para un adulto podría parecer insignificante, para la niña que era yo en aquel entonces resultaba un problema monumental. La multitud de emociones originadas en esas experiencias quedaron incrustadas en mi subconsciente y resurgieron años después, durante la edad adulta, en la forma de problemas económicos recurrentes. Sin embargo, esos mismos problemas estimularon mi deseo de lograr la abundancia, para que de ese modo ni mi familia ni mis hijos tuvieran que sentirse como yo me había sentido de niña.

Aunque con el tiempo mis padres lograron mejorar su situación económica, el sufrimiento y los traumas provocados por el dinero ya se habían fosilizado en mi subconsciente. Siempre supuse que no tener suficiente, como siempre les oía decir a mis padres, era algo normal; era mi realidad. Hasta aproximadamente los siete años, las experiencias que terminan transformándose en creencias restrictivas gozan de un estatus especialmente relevante en el interior de la mente subconsciente, aunque, por supuesto, en ese momento somos demasiado jóvenes para darnos cuenta del enorme impacto que tanto los pensamientos como las emociones tienen en la persona que llegaremos a ser.

Al explorar mis creencias restrictivas, no tardé mucho en darme cuenta de que necesitaba deshacerme de las limitaciones financieras que me habían acompañado prácticamente toda la vida. Esas creencias eran la razón principal de que me costara tanto generar los ingresos que necesitaba. Apenas estaba ganando lo suficiente para cubrir los gastos mensuales básicos, como el alquiler y la comida para mi hijo; podía considerarme afortunada si me sobraban unas cuantas libras para mí.

Tras estudiar el funcionamiento de la mente, comprendí que estaba atrapada en un círculo vicioso de escasez y carencia. La sociedad, la escuela y mis padres me habían condicionado a pensar de una manera determinada, por lo que había construido una realidad basada en la única verdad que conocía y preparado el escenario para que mi realidad se desarrollara en tiempo real. Lo único que debía hacer era echar abajo las barreras que yo misma había levantado. Todo esto me pareció más que evidente en cuanto entendí que las únicas limitaciones que tenemos son aquellas que creamos en nuestra propia mente.

Cuando cerramos los ojos, el espacio de posibilidades es infinito. Pruébalo ahora mismo. Cierra los ojos. Si proyectas la mirada hacia lo que hay delante de ti, ¿hasta dónde llega ese espacio infinito? Sigue y sigue y sigue. No tiene límites. Te rodea completamente.

Con el dinero pasa lo mismo. El dinero no tiene límites; es infinito.

Tuve que tocar fondo para darme cuenta de que debía de haber algo más. En el juego de la vida, si podemos perderlo todo, entonces lo más probable es que también podamos volver a recuperarlo, ¿no? El problema es saber cómo hacerlo.

Yo conseguí recuperarlo aplicando el método SMC, desprendiéndome de todas las creencias restrictivas y deshaciéndome de todo aquello que me impedía seguir creciendo. Y después seguí avanzando, seleccionando cuidadosamente los nuevos procesos de pensamiento, las afirmaciones agradablemente positivas y, lo que es más importante, siempre aspirando a más. Para obtener la abundancia financiera (es decir, para manifestar milagros financieros) son necesarios tres ingredientes fundamentales: la autoconfianza, los sentimientos positivos aumentados y las acciones inspiradas.

Profundicemos en estos tres aspectos.

Estimulamos acciones inspiradas a través de los procesos de pensamiento, las creencias y los objetivos. Esto quiere decir, por ejemplo, que debemos enfocar nuestras energías en aquello que nos dé mayores y mejores resultados, pasar a la acción, sentir el impulso de llamar a más puertas y perseverar para encontrar nuevas oportunidades. A cuantas más puertas llames, más oportunidades surgirán y más dinero ganarás. Y no siempre me refiero a las puertas en un sentido literal. Se trata más bien de una analogía para referirme a las numerosas oportunidades que te esperan ahí fuera. A pesar de eso, debo decir que uno de mis primeros trabajos fue el de vendedora a domicilio.

Cuando tenía unos dieciocho años, trabajé vendiendo productos a puerta fría para ganarme la vida como buenamente podía. Recuerdo que durante un tiempo trabajé para una agencia que se dedicaba a ofrecer sus servicios a diferentes empresas en la región de Oxfordshire, cerca de la Universidad de Oxford, en el Reino Unido, muy cerca de donde crecí. Se trataba de un sector en el que tuve la oportunidad de aprender muchas cosas, entre ellas, las habilidades necesarias para poder venderle un producto a la gente. Cuando estás cara a cara con un desconocido, si no sabes cómo atraer su atención generando una tormenta perfecta de energía durante los primeros segundos, no tienes nada que hacer. Aunque, de media, la gente suele dedicarte unos treinta segundos, en los primeros cinco ya han tomado una decisión. Cuando me dedicaba a la venta a domicilio, comprendí que sólo podía aspirar a llamar a unas veinte puertas al día, y siempre que alcanzaba esa cifra, me sentía realmente bien.

Gracias al rápido avance tecnológico de las últimas décadas, el cual ha dado lugar a una generación de influyentes gurús del ciberespacio, ahora tenemos la oportunidad de llamar a puertas digitales. Aún mejor, ahora podemos aspirar a llamar a muchas más de veinte puertas diarias. Pongamos que te pones en contacto con cincuenta empresas o personas al día. ¡Eso representan 18 250 puertas digitales al año! Lo que significa llegar a decenas de miles de personas que pueden llegar a convertirse en clientes potenciales. Ésa sí que es una forma tangible de aumentar tus posibilidades y pasar a la acción para atraer más dinero a tu vida, ¡y todo simplemente pulsando una tecla!

Una vez has decidido lo que quieres hacer, en lo único en que debes concentrarte es en tu nivel de certeza. Podríamos definir la certeza como la creencia en que algo terminará sucediendo; la confianza que, pase lo que pase, algo finalmente llegará a buen puerto. Para ello, debes ser consciente de que está pasando para ti y de que tu objetivo ya te pertenece. Yo lo consigo accediendo a la versión de mí misma en la que deseo convertirme. A continuación, tienes un ejercicio que puedes probar ahora mismo. Lo único que necesitas es un bolígrafo y una hoja de papel.

Escribe cómo es la versión de ti mismo en la que quieres convertirte una vez hayas logrado la abundancia económica, esa versión que te esfuerzas por alcanzar. ¿Qué aspecto tienes? ¿Cómo te sientes? ¿Cómo te vistes ahora que eres esa persona? ¿Cómo caminas, hablas, te mueves? No omitas ningún detalle. Anótalo todo. Tu visión debe ser lo más precisa posible. Imagina con exactitud qué aspecto tendrá la versión definitiva de ti mismo.

Si no experimentas abundancia financiera en tu vida, en tu carrera, en todas las áreas de tu realidad es porque, en el fondo, tu forma de comportarte no se corresponde con la de la persona que ya ha hecho realidad esos objetivos. Aún no estás encarnando el comportamiento de la persona que ya los ha alcanzado. La persona que ya ha hecho realidad tu visión financiera se sentiría extraordinariamente abundante, como si lo tuviera todo. Eso es lo que suele provocar la desalineación.

Recuerda que la Ley de la Atracción consiste en alinearnos con nuestros deseos más profundos. Debemos *convertirnos* en esa versión de nosotros mismos, y en muchos casos eso supone que debemos cambiar. No puedes esperar resultados distintos si continúas haciendo lo mismo que has hecho siempre. En palabras de Albert Einstein: «La forma más pura de locura es dejarlo todo igual y la próxima vez esperar que las cosas cambien».

Si sientes una falta de abundancia financiera en tu vida, lo primero que tienes que hacer es dejar de preocuparte por cuánto cuesta todo. Dirige tu energía hacia las cosas que haces con regularidad centrándote en el lado positivo. Cuando recibas una factura, en lugar de reaccionar de forma negativa, expresa gratitud por el servicio que has recibido. Por ejemplo, si se trata de la factura de la luz, expresa gratitud por el suministro eléctrico, por el agua y la luz que te permiten seguir trabajando y ganar más dinero para mantener la estabilidad familiar. Piensa en todas las mejoras en tu nivel de vida que el servicio en cuestión te proporciona.

Cuando cambias de actitud en situaciones como las que acabo de describir o ayudas a las personas que lo necesitan, encarnas la vibración de la abundancia, la cual fluye de forma ilimitada. Es un ciclo muy hermoso. Da y recibirás.

También es posible que la gente con la que te relacionas habitualmente no te ayude a conseguir tus objetivos. Quizá te estén poniendo trabas o se muestren irrespetuosos con la persona en que deseas convertirte. En lugar de elevarte, ese tipo de energía está impidiendo que te concentres. Normalmente no significa que no se preocupen por nosotros; lo más probable es que crean sinceramente que actúan llevados por el amor que sienten por nosotros. Es normal que los humanos tengamos miedo cuando nos enfrentamos a lo desconocido; de ahí nace el mecanismo de protección para evitar que abandonemos nuestra zona de confort. Puede que ese tipo de personas no sean la red de apoyo que necesitas durante tu proceso de transformación.

Es importante que te rodees de personas que crean en ti de forma incondicional y que estén dispuestas a apoyarte tanto en los buenos como en los malos momentos. Sencillamente no dispones ni del tiempo ni del espacio mental necesarios para aquellos que quieren hundirte con palabras hirientes o que, sumisamente, se muestran de acuerdo con todo lo que dices. Puede ser igualmente perjudicial no tener a nadie cerca que te diga que te equivocas. A veces, el camino puede resultar solitario, pero si consigues centrarte en tus objetivos, acabarás atrayendo, en el lugar adecuado y en el momento preciso, a las personas que realmente necesitas en tu vida.

Si tu objetivo es atraer la abundancia financiera, pero sigues rodeándote de personas que carecen de ambición, curiosidad o actitud vital emprendedora, te quedarás con quejicas y detractores. Tus resultados serán mediocres, pues estarán perfectamente alineados con las energías mediocres que te rodean, lo que no hará más que alejarte de tu objetivo final. Si, por el contrario, las cinco personas con las que pasas la mayor parte del tiempo son personas que superan sus expectativas, empresarios de éxito bien establecidos o que se esfuerzan por alcanzar tus mismos objetivos financieros, tus resultados terminarán siendo ambiciosos. Rodearte de personas que se mueven por encima de la media hará que subas de nivel de forma natural; y eso, a su vez, favorecerá tu impulso y te permitirá seguir avanzando.

Durante mi viaje personal, he tenido que distanciarme de muchos amigos con los que ya no estaba en sintonía. Hay un método muy rápido y sencillo para descubrir quién es un buen amigo, el tipo de persona cuya mera presencia hace que te sientas más elevado. En muchas de mis conferencias, enseño este método al exponer el tema central del evento. Dedica unos minutos a completar las tablas que aparecen en la siguiente página y, en función de los resultados, replantéate tus amistades.

La confianza en uno mismo sólo es posible si somos conscientes de los pensamientos que crean nuestra realidad. Éstas son algunas de las preguntas que puedes hacerte: ¿me gusta el dinero? ¿Cuál es mi relación con el dinero? ¿Qué siento realmente por el dinero? ¿Cuál es el *motivo* por el que deseo la libertad financiera? Porque si llegas a la conclusión de que no te gusta el dinero o crees que no hay suficiente para todo el mundo, en realidad estás reproduciendo creencias a la vieja usanza del tipo «el dinero es la raíz de todos los males» o «el dinero no crece en los árboles». Para poder crecer, tendrás que erradicar esas creencias restrictivas que están arraigadas en tu interior. Si no lo haces, deberás cargar con ellas durante años, y te prometo que ésa es una de las *principales razones*, si no la mayor, por la que la gente nunca llega a experimentar la abundancia que desea en su vida. ¿Y sabes qué es lo peor? Que la mayoría de la gente ni siquiera es consciente de ello.

¿Quiénes son las 5 personas con las que pasas más tiempo?
(Escribe sus nombres en orden descendente)

1.
2.
3.
4.
5.

¿Cuáles son las cualidades que buscas en un amigo?
(Escribe sus nombres en orden descendente)

1.
2.
3.
4.
5.

Ahora puntúa de 0 a 5 a las 5 personas con las que pasas más tiempo según las cualidades que has especificado en la tabla anterior.

	1.ª cualidad	2.ª cualidad	3.ª cualidad	4.ª cualidad	5.ª cualidad	TOTAL
1.						/25
2.						/25
3.						/25
4.						/25
5.						/25

* La persona con la puntuación más alta es con la que debes pasar más tiempo.

Si no crees en el dinero, el dinero nunca creerá en ti. Es increíble lo intrincada que puede llegar a ser nuestra relación con el dinero si la conectamos a los niveles de autoestima percibida. De forma consciente o inconsciente, es posible que creas que no mereces tener millones de dólares en el banco, que no necesitas el dinero o que no está bien desearlo. Antes de empezar a trabajar conmigo, mis clientes suelen decir cosas como éstas: «Dios me querrá más si llevo una vida humilde. La gente me querrá más si tengo menos cosas. Si tengo más dinero, tendré más problemas». ¿Te suena?

Todas estas afirmaciones sin sentido tienen el mismo común denominador: las creencias restrictivas. Pero tú quieres deshacerte de ellas, ¿verdad? Quieres erradicar esas vocecillas de tu mente para poder subir de nivel. ¡Di «SÍ» en voz alta ahora mismo si es lo que realmente quieres!

La buena noticia es que puedes desprenderte fácilmente de las creencias restrictivas con un método asombrosamente sencillo. Lo único que debes hacer es formular una afirmación diaria para empezar a reconfigurar y consolidar tus nuevos procesos de pensamiento en la mente subconsciente. El objetivo es imprimir nuevas creencias acerca de ti y del dinero mediante afirmaciones como éstas: «Soy digno del dinero; me encantan las cosas que puedo hacer con él».

El dinero nos permite aumentar nuestros recursos y capacidades; por tanto, cuanto más dinero tengas, a más personas podrás ayudar y mayor será el bien que podrás hacer en el mundo. Si tu objetivo es que tu dinero tenga un impacto global y deseas ayudar a tanta gente como sea posible, nunca vas a conseguirlo a menos que dispongas de los medios necesarios.

Piensa en todas las personas que no tienen sus necesidades cubiertas, en todas las organizaciones benéficas que no pueden cumplir sus objetivos porque tú no das tu mejor nivel todos los días. Piensa en tus familiares, en tus seres queridos, en tus hijos, nietos, futuros bisnietos…, todas esas personas perderían un sinfín de oportunidades si no obtuvieras la abundancia que tienes al alcance de la mano. Cuando tienes dinero, puedes hacer muchas cosas, y recuerda que el dinero es sólo un subproducto energético del éxito. Cuanto más dinero ganas, más recursos tienes a tu disposición y a más gente puedes ayudar. Recuérdalo.

La mejor forma de atraer a tu vida milagros financieros es tener clara la *razón* por la que quieres ganar dinero. ¿Cuál es tu fuerza motora? ¿Sabes realmente cuál es la *razón* que te impulsa? Pese a ser el más importante, mucha gente se pierde en este primer paso. Yo descubrí mi razón de ser durante mi época más oscura; había perdido la chispa y anhelaba con todas mis fuerzas recuperar mi *luz interior*. Quería ser un ejemplo para mi hijo y proporcionarle la vida más gratificante y extraordinaria posible. En cuanto logré eso, quería convertirme en un ejemplo para cientos de millones de personas en todo el mundo, ayudarles a liberar su potencial, como yo había hecho al recurrir al secreto que presento en este libro.

Deja de buscar cómo crear milagros en tu vida. La solución la tienes realmente cerca, en la punta de los dedos. ¿Y sabes qué es lo mejor de todo? Que puedes manifestar milagros financieros siguiendo paso a paso cada uno de los procesos que te muestro. Recuerda que sólo puedes lograr el éxito en la vida si pasas a la acción.

Ha llegado el momento de contarte mi otra razón, una aún más importante que la primera pero que se deriva de ésta. Durante mi viaje de desarrollo personal, comprendí que, cuando apartas el foco de ti mismo, de tus problemas y preocupaciones, y te centras en ayudar a resolver los problemas de los demás, tus propios problemas pierden importancia y se vuelven considerablemente más insignificantes. La auténtica abundancia consiste en dar. Según la ley de la reciprocidad, lo que damos a los demás, lo recibiremos multiplicado por diez.

Aproximadamente a los veinte años, un día nos pusieron un vídeo muy emotivo en la iglesia de Lakewood (Houston), donde residía por aquel entonces. En el vídeo aparecían unos niños de Uganda que se encontraban en una situación de extrema necesidad. Necesitaban ayuda desesperadamente pues no disponían ni de las cosas más básicas, como agua potable, comida, ropa o un techo bajo el que cobijarse. Aunque la escena hizo que me saltaran las lágrimas, fue una experiencia transformadora. Me hizo comprender que yo tenía acceso a muchísimas cosas que estaban vedadas para aquellos niños.

Siempre he tenido un aura maternal, incluso antes de tener a mi hijo. Siempre he sentido una profunda preocupación por el bienestar de los niños. Cuando oigo llorar a uno, se me derrite el corazón y siento el impulso de levantarme y hacer algo al respecto.

Después de ver el vídeo en la iglesia, decidida a ayudar en lo que pudiera, apadriné a una niña llamada Sandrine a través de la organización benéfica con la que trabajaba la iglesia. Todavía sigo apadrinándola. Me ocupo de ella, de su familia, de otro niño llamado Eric, y de muchos otros niños y familias de su barrio. Mi contribución les permite disponer de agua potable e ir a la escuela. Uno de mis principales objetivos desde hace años es construir un orfanato, y actualmente estamos a punto de materializar esta visión. De hecho, cuando estés leyendo este libro, es posible que ya se haya hecho realidad. Pero hasta que el orfanato no esté terminado, seguiré ayudando con todos los medios a mi alcance.

¿Alguna vez te has preguntado en qué consiste realmente la abundancia? Abundancia es vivir una vida llena de alegría y de experiencias emocionantes, crear una vida plena desde la que poder devolverle al mundo todo lo que recibes de él.

Sí, deberías disfrutar de todas las riquezas que da la vida. Te las mereces todas. Estás destinado a tener todo lo que siempre has soñado, sino más. Aunque tienes el derecho a experimentar todas las cosas hermosas que ofrece la vida, no te olvides nunca de ofrecer algo a cambio. La reciprocidad provoca una de las vibraciones más poderosas en nuestro interior, tan poderosa que resulta casi indescriptible. En mi caso, dar a los demás me ayudó a recuperar mi propósito en la vida, y por eso mismo seguí haciéndolo. Me concentré en eso y terminó convirtiéndose en la *razón* que me impulsaba. Sandrine y su pueblo se convirtieron en mi *razón* de ser. Me rompe el corazón pensar que otros niños aún no tienen acceso a ese tipo de ayuda. Y no sólo niños, sino también muchísimos adultos que podrían aprovecharse de la excelente ayuda que proporcionan innumerables organizaciones benéficas. La gente necesita una mejor atención médica y numerosas fundaciones ecologistas y medioambientales están desesperadas por encontrar a alguien como tú, alguien que contribuya económicamente según sus posibilidades. Cuando encuentres tu vocación, tu razón de ser, conecta tu propósito con tu negocio. En cuanto lo hayas hecho, todo lo que hagas a partir de entonces tendrá sentido, cada acción que emprendas tendrá un propósito.

Cuando la razón que te mueve sea mayor que cualquier cosa que se interponga en tu camino, serás imparable.

Y, ¿cuál es la razón que te mueve a ti? Dedica el tiempo que necesites a ponerlo por escrito.

En cuanto conecté la razón que me movía y mi propósito vital a todo lo que hacía, el camino que tenía por delante quedó despejado. Pasé de ser una madre soltera arruinada a ganar mi primer millón de dólares en menos de un año, además de consolidar tres fuentes de ingresos pasivos de ocho cifras.

La razón por la que menciono constantemente esto es para que seas consciente de que tú también puedes lograrlo. Yo no soy especial. Puedes construir lo que te propongas y crear algo increíble. En serio, si yo pude hacerlo, tú también puedes. Yo no tenía nada; no nací en una cuna de oro, nadie me regaló nada ni tuve ningún enchufe. Si yo pude salir de la cueva en la que me había estado escondiendo durante años, tú también puedes hacerlo. Con más recursos, puedes llegar a más gente, y a cuanta más gente llegues, mayor será el impacto positivo que tendrás en el mundo.

Las mujeres que lean este libro y que pongan en práctica mis enseñanzas también inspirarán a otras mujeres a aprovechar mejor sus vidas. Se darán cuenta de que su propósito en la vida no puede quedar limitado a lo que la sociedad les ha hecho creer; comprenderán que sus ambiciones no pueden quedar condicionadas por su papel de madre o esposa o por el tipo de trabajo que sus padres esperan que desempeñen. Nuestro propósito es aquel con el que nos identificamos, lo que enciende el fuego en nuestro corazón, aquello que nos apasiona de tal modo que no puede pasar un solo día sin que hagamos algo por conseguirlo. Ése es tu propósito.

También los hombres, al sostener entre las manos el potencial de este conocimiento, querrán ponerlo en práctica, pues serán conscientes de que, al conectar su propósito con su trabajo, se convierten en una inspiración para muchas otras personas en todo el mundo. Te conviertes en alguien superior, en un macho alfa, en el hombre que estás destinado a ser. Y lo consigues no como un hombre de negocios solitario que se limita a acumular el dinero que gana. De ésos ya hay demasiados. Cualquiera puede hacer eso. ¿Qué estás haciendo que sea distinto? ¿De qué forma te comprometes todos los días con tu misión en la vida? Yo estoy convencida de que puedo cambiar el mundo, y sé que, si sigues mis consejos, tú también podrás. Con compromiso y perseverancia, podemos cambiar el mundo juntos.

Cómo atraer a tu vida la salud que mereces

Aunque suene a tópico, el cuerpo es tu templo. Si eres capaz de tener tu salud bajo control, obtendrás la energía, la claridad mental y la agilidad necesarias para superar cualquier obstáculo que se interponga en tu camino. Con buena salud, podrás alcanzar la cima de la montaña más alta.

Son muchos los factores que contribuyen a tener un estilo de vida saludable. Algunas personas creen que el hecho de tener un «aspecto saludable» se traduce automáticamente en una salud general óptima, pero eso no es así. Nuestra salud depende de muchos factores –hábitos, dieta, sueño, actividad física, bienestar mental–, todos ellos igualmente importantes.

Anteriormente hemos destacado la importancia de fomentar la mentalidad adecuada para suministrar a tu mente todo lo que necesita. Sin embargo, cuando hablamos del estado de salud general, comprometerse a aumentar la ingesta de nutrientes puede tener un enorme impacto. Según la Organización Mundial de la Salud, una dieta sana «nos protege contra muchas enfermedades crónicas no contagiosas, como las cardiopatías, la diabetes y el cáncer».[2] Una dieta sana y equilibrada también contribuye al buen funcionamiento del cerebro, fomentando la productividad, la creatividad y la capacidad para entender la información y procesarla con precisión y fidelidad.

Comer alimentos ricos en nutrientes también contribuye al funcionamiento óptimo de muchos sistemas fisiológicos. En la mayor parte de las sociedades modernas, se han extendido hábitos alimentarios negativos y trastornos como la anorexia, la ortorexia, la adicción al ejercicio físico, el diálogo interno negativo, los comportamientos compulsivos e impulsivos, etc. La idea de que el aspecto físico es más importante que la salud y el bienestar general es producto de la ampliamente extendida cultura de la dieta, la cual tiene consecuencias muy negativas para nuestra salud mental. Uno de los ejemplos más paradigmáticos de esto es la obsesión por editar las fotografías en las redes sociales. Según un estudio reciente realizado por el Pew Research Center, «el 70 % de las mujeres y más del 50 % de los hombres de entre 18 y 35 años reconocieron editar sus fotografías habitualmente».[3] La gran insatisfacción que la gente siente por su apariencia física, hasta el punto de tener que deformar sus fotografías para que se ajusten a una norma ideológica inalcanzable, muestra el tremendo impacto que tienen las redes sociales sobre nuestra salud mental. Y cuando sufrimos una alteración de nuestra salud mental, la salud física también puede verse afectada rápidamente. Por eso es tan importante la estabilidad mental. Siempre deberíamos priorizar la salud general por encima de la apariencia física. Una alimentación sana y nutritiva nos aporta claridad para el desarrollo del cerebro y la motivación que necesitamos para mantenernos en forma. Por el contrario, cuando sólo nos

2. World Health Organization: «Healthy diet», www.who.int/initiatives/behealthy/healthy-diet
3. Daryanani, Anita: «What Is "Diet Culture"?». UC San Diego Recreation (28 de enero de 2021), recreation.ucsd.edu/2021/01/diet-culture-social-media/

alimentamos de azúcares refinados, alimentos procesados o altos en grasas saturadas y calorías vacías, el cuerpo reduce sus prestaciones. Si deseas alcanzar todo tu potencial, dale a tu cuerpo y a tu mente todo lo que necesita para funcionar mejor. Sean cuales sean tus intereses, la nutrición, el *fitness* o el *mindfulness*, debes dar un paso al frente y ponerte manos a la obra.

Intenta no abusar de tu cuerpo ni privarlo de comida ni de descanso. Tu cuerpo hace muchas cosas por ti. Imagina hasta dónde podría llevarte si lo trataras bien. Practica ejercicio físico, ejercita el músculo cardíaco (que, como ahora ya sabes, es tan importante como el cerebro para hacer realidad tus deseos), haz estiramientos, fortalece tu cuerpo y cuídate con todo el amor y la abundancia que mereces.

Muchos adultos creen, erróneamente, que sólo los niños pueden dormir muchas horas seguidas y que el descanso profundo y rejuvenecedor es cosa del pasado. Sin embargo, los hábitos de sueño sostenibles pueden cambiarte la vida. La falta de sueño es un problema muy grave.

Como explica el neurocientífico Matthew Walker: «La falta de sueño se filtrará en todos los recovecos y grietas de tu fisiología. Por desgracia, dormir no es un lujo al que podamos renunciar, sino una necesidad biológica innegociable. Es tu sistema de soporte vital».[4] Si tienes hábitos de sueño inadecuados, la inteligencia se resiente, la memoria flaquea y pierdes la capacidad de procesar nueva información. También te vuelves más proclive a padecer enfermedades como la demencia, los derrames cerebrales y los ataques cardíacos. Todo el sistema inmunitario se debilita, poniendo en riesgo nuestra capacidad para combatir la mayor parte de las enfermedades o dolencias. Sin el descanso adecuado, es más probable que nos veamos afectados por el dolor físico general. «La falta de sueño distorsiona los genes y aumenta el riesgo de sufrir una enfermedad mortal», asegura Walker. «Interrumpe la creación de hormonas sexuales, como los estrógenos y la testosterona, y favorece el envejecimiento prematuro».[5]

---

4. WALKER, MATTHEW: «Science of Better Sleep», MasterClass, www.masterclass.com/classes/matthew-walkerteaches-the-science-of-etter-sleep

5. Ídem.

Asegúrate de dormir al menos ocho horas seguidas todos los días. Yo lo hago, y puedo asegurarte de que, gracias a ello, me siento mucho más despierta, ligera y productiva. Acuéstate a una hora razonable, sin pantallas, sonidos ni luces, y crea a tu alrededor un espacio de descanso sagrado cuya única función sea la de ayudarte a relajarte, descansar y desconectar. El sueño es la fuente que alimenta el cuerpo, la mente y el poder creativo; sin él, las posibilidades de convertirte en la mejor versión de ti mismo quedan seriamente comprometidas.

Cuando me golpeó la enfermedad, caí en una espiral de la que era muy difícil salir. Cuanto más me centraba en el dolor, más dolor sentía. Cuanto más me centraba en mi ansiedad, peor me parecía el mundo. La salud física me fallaba, lo que también tenía consecuencias para mi salud mental. Llegó un momento en el que ya no pude seguir adelante. Había perdido toda conciencia de mí misma y de todo lo que me rodeaba. Lo más triste fue sentir cómo se desvanecía mi identidad y se desintegraba mi propósito vital. Cuando se toca fondo, hay que tener claro que la única dirección que podemos tomar es hacia arriba. En ese momento, el último atisbo de luz que me quedaba me reveló un valioso fragmento de sabiduría. Comprendí que, si me rendía, estaría renunciando a mi fe y no podría convertirme en la versión de mí misma que necesitaba mi hijo. Recuerdo que pensé: «Si me rindo ahora, nunca tendré la oportunidad de ver cómo podría haber sido mi vida o la vida de mi hijo».

Cuando una mujer da a luz de forma natural, justo antes de expulsar al bebé, experimenta algo muy parecido a lo que acabo de describir. A mí me pasó cuando tuve a mi hijo Rio. Estaba empujando tan fuerte y el dolor era tan insufrible que me dije: «No puedo más». Recuerdo como si fuera hoy que me detuve y, mientras trataba de recuperar el aliento, le dije al médico: «Por favor, sáquelo de otra manera. No puedo más».

La comadrona se inclinó sobre mí y me susurró al oído: «Natasha, así es como sabemos que ya falta poco. Ahora es cuando estás a punto de dar a luz a tu hijo, así que empuja tan fuerte como puedas».

Y, con lágrimas en los ojos, empujé dos veces más y mi hijo salió entre terribles dolores.

En terminología científica, denominamos a esto transición de estados. La transición es ese momento en el que estás a punto de conseguir algo, pero te parece tan difícil e imposible que lo único que quieres es rendirte. A pesar de todo, sigues adelante y es ese último empujón el que te permite alcanzar tu objetivo. La historia del parto es una buena metáfora de la vida, ya que cuando te enfrentas a una situación tan difícil, una en la que crees que no puedes dar ni un paso más, eso indica precisamente el punto de ruptura donde o bien sigues empujando y alcanzas finalmente tu objetivo o bien te quedas estancado. Ve siempre un poco más allá, esfuérzate un poco más. Lo que más deseas está justo al alcance de tu mano.

Las enfermedades, los trastornos y el dolor, ya sean físicos, emocionales, mentales o espirituales, nos enseñan importantes lecciones sobre nosotros mismos y nos señalan aquellos aspectos en los que debemos seguir trabajando si queremos llegar a estar completamente sanos. Así que, cuando notes algún desequilibrio o molestia física, atrévete a explorarla en profundidad para descubrir qué intenta decirte tu cuerpo.

Una vez tuve eccema, una enfermedad autoinmune de la piel, y el episodio fue tan grave que se me extendió por todo el cuerpo. Como todos los miembros de mi familia lo han tenido en algún momento u otro de su vida, los médicos llegaron a la conclusión de que era genético. Me recomendaron todo tipo de cremas, jabones y dietas. Incluso recuerdo que no me duchaba tan a menudo como me habría gustado para evitar que el agua lo empeorara. Aunque todas esas cosas me aliviaron un poco, no eran más que parches que enmascaraban los síntomas. La afección nunca abandonó del todo mi cuerpo. Lo que necesitaba era arrancarla de raíz.

Decidí dirigir la mirada hacia mi interior para poder hablarle directamente a la enfermedad: «Ya no me sirves de nada. Gracias por enseñarme lo que necesitaba saber; ya puedes marcharte. Eccema, abandona mi cuerpo; ya no formas parte de mí». Conocía el poder de la mente y confiaba en que esas palabras me curarían. Al cabo de una semana, el enrojecimiento, el dolor, el picor y el malestar desaparecieron. Recuerdo que pensé: «Vaya, esto es muy poderoso. Realmente soy capaz de controlar mi estado físico con el poder de la mente».

Todos somos capaces de generar cambios físicos en nuestro cuerpo únicamente a través de los pensamientos y las emociones. Así que visualiza tu propio cuerpo sano, en forma y fuerte; cúrate a ti mismo con tu poder interior.

Una de mis clientes de Los Ángeles tuvo un accidente que la dejó incapacitada. Los médicos le dijeron que tenía un ligamento roto en las piernas que nunca volvería a unirse al músculo y que, por tanto, nunca volvería a caminar. A pesar de esta sentencia que la condenaba de por vida, y a las escasas expectativas que le habían dado todos los médicos consultados, decidió poner en práctica todos los días mi método SMC, gracias a lo cual logró recuperarse completamente.

Otro caso similar tuvo lugar en Arizona. Un hombre se puso en contacto conmigo porque le habían diagnosticado demencia prematura. Como en el caso anterior, los médicos consideraban que se trataba de una dolencia irreversible y degenerativa. Como no tenía nada que perder, el hombre decidió darle una oportunidad al método SMC. Durante el proceso, contó con mi orientación personal. A pesar de que de vez en cuando olvidaba por completo lo que había hecho el día anterior, trabajó con constancia y compromiso. En resumidas cuentas, siguió el programa al pie de la letra, renovó su mente, reprogramó su cuerpo y logró volver a ser la persona que había sido antes de la enfermedad. Tres años después, su mente sigue funcionando como el primer día. Los médicos se quedaron atónitos al verle mejorar día a día, y consideraron que se trataba de un milagro.

Aunque la mejora de la salud depende de muchos factores vinculados a la fisiología única de cada persona, no te quepa ninguna duda de que puedes curarte a ti mismo de numerosas dolencias, enfermedades y trastornos. Puedes aspirar a tener la mejor vida posible porque mereces gozar de una salud óptima. Presta atención a tu cuerpo, muéstrate agradecido de poder hacer las cosas que haces y trata con cariño tanto tu cuerpo como tu mente. Si los cuidas como cuidarías a un niño pequeño, ambos trabajarán al unísono para que tengas la vida que mereces y alcances la excelencia.

Manifestar el amor: El coeficiente de la atracción amorosa

La mayoría de los seres humanos tienen el mismo deseo: experimentar el amor verdadero. El amor, al fin y al cabo, es una de las principales razones por las que estamos en este mundo. Poder ayudar a la gente en este aspecto de sus vidas me proporciona una especial satisfacción. La vibración del amor es una de las más poderosas que existen. Sin embargo, creer que no mereces el amor o sentirse frustrado por no tenerlo puede crear una carencia vibratoria que puede acabar filtrándose en los demás aspectos de nuestra vida.

Para materializar el amor, como con cualquier otra cosa, es esencial tener una visión clara y alinearnos con la persona que deseamos atraer. Voy a compartir contigo tres poderosas técnicas que aumentarán tu confianza y autoempoderamiento, lo que hará que o bien te sientas merecedor de tu alma gemela o bien te ayude a fortalecer tu relación actual. En los últimos años he ayudado a muchas personas a manifestar su alma gemela mediante las tres herramientas que estoy a punto de revelarte. Lo único que te pido es que te comprometas a ponerlas en práctica y que tengas plena confianza en que el amor llegará a tu vida como llegó a la mía y a la de muchas otras personas.

No hace mucho logré manifestar el amor de mi vida, mi marido, utilizando estas mismas herramientas, y lo hice tan sólo tres semanas después de haber declarado mi intención al Universo. Nos casamos al cabo de tres meses. Con el tiempo, atraer el amor a mi vida se ha convertido en algo natural; atraigo a la pareja más adecuada para la versión de mí misma en cada momento dado. Como tan sabiamente comenta Wayne Dyer: «No obtenemos lo que queremos. Obtenemos lo que somos». Ésta es la base de todas mis enseñanzas para que puedas materializar el amor que te haga sentir vivo y conservarlo una vez lo hayas atraído.

Lo primero que te animo a hacer es confeccionar una lista con las cien cosas que debería tener la pareja de tus sueños. ¿Qué aspecto tiene? ¿Cómo te hace sentir? ¿Cuáles son sus mejores cualidades? ¿Cuáles son sus puntos fuertes y débiles? ¿Qué le gusta y qué le disgusta? Sé lo más detallado y claro posible. Esto te ayudará a que tus ideas sean más tangibles, convirtiéndolas en algo que se puede ver, sentir y tocar, y a delinear lo que realmente quieres. Dedica todo el tiempo que necesites a confeccionar esta lista; se trata de un elemento fundamental y una base sólida para los siguientes pasos. Para que te resulte más sencillo, puedes dividir la lista en pequeños subapartados donde enumeres, por ejemplo, los rasgos de su carácter, sus aficiones, su aspecto físico, su olor, etc.

Una vez completada la lista, es hora de pasar a la segunda fase. Plantéate la siguiente pregunta: en una escala del 1 al 10, ¿qué cosas tengo en común con la persona que he descrito en la lista? Para poder manifestar a la pareja perfecta, a la que encarne todos los atributos que has enumerado en tu lista, primero debes *convertirte* en esa persona. Debes reflejar todas las fantásticas cualidades de tu futura alma gemela para poder atraer esa misma energía a tu realidad. Si obtienes menos de un 8/10 en cualquiera de las características o rasgos de la personalidad que andas buscando, deberás esforzarte por mejorarlas si deseas atraer a tu vida a una pareja de ese nivel. Debes *convertirte en la mejor versión de ti mismo*. Convertirte en el tipo de persona con la que deseas casarte.

Si partes desde una mentalidad dependiente que sólo tiene en cuenta lo que puedes obtener de tu pareja, acabarás con una persona que absorberá toda tu energía. Sin embargo, si empiezas una relación con una mentalidad desinteresada, serás recompensado con alguien generoso.

Las numerosas personas que acuden a mí preguntándome por qué sólo atraen a idiotas como pareja, al final comprenden que el problema es que están materializando a alguien para llenar un vacío existencial. Tienen una imagen preconcebida de la persona con la que desean casarse, una imagen que sale directamente de los cuentos de hadas. Estas personas se pasan años persiguiendo ideas equivocadas acerca de su pareja ideal, sin ni siquiera darse cuenta de que han encajado el zapato de cristal en el pie equivocado. Vivir en un cuento de hadas ajeno nunca funciona. Tu pareja ideal ya existe y, en cuanto te conviertas en la mejor versión de ti mismo, la atraerás a tu vida como si fueras un imán. Sin embargo, hasta que no entiendas lo que el Universo intenta decirte, continuarás atrayendo a tu vida al mismo tipo de persona con alguna variación sin importancia en su forma de vestir. Debes aceptar que tu pareja no es más que una imagen especular de ti mismo. Todos los rasgos de la personalidad que te disgustan son simplemente el reflejo de aquellos aspectos que necesitas corregir en ti mismo. El Universo te está poniendo a prueba con la esperanza de que algún día rechaces los comportamientos inaceptables que sueles pasar por alto a tu pareja. En cuanto rompas el círculo vicioso, crearás un hermoso espacio donde recibir a la persona adecuada.

La última pieza del puzle, y el tercer paso para lograr manifestar el amor en tu vida, consiste en visualizar que ya estás con la persona de tus sueños. Cada mañana, siéntate en algún lugar tranquilo y visualiza cómo te sientes al estar casado con tu alma gemela, al compartir con tu pareja ideal una relación sana, equilibrada y llena de amor. Repite este ritual antes de acostarte. A mí me gusta hacerlo todas las mañanas mientras me tomo una taza de té de la manifestación. Abro la caja que contiene la intensa y perfumada infusión y dejo que mis sentidos se deleiten con sus mágicos aromas antes incluso de servirlo. Visualizo que estoy casada con mi marido, y sonrío cuando él me envuelve con sus brazos. Entonces doy un sorbo de té. En este tipo de visualización debes utilizar los cinco sentidos. Se trata de una de las partes más poderosas de esta práctica porque te permite activar diferentes áreas del cerebro. Colmas tus cinco sentidos con el ambiente que estás imaginando, permitiendo que tu cerebro lo procese como si se tratara de un recuerdo real, pues no sabe si ha sucedido realmente o no. Suelo hacer este ejercicio de visualización durante unos diecisiete segundos, de tres a nueve veces al día.

Otro consejo (éste es uno de mis temas favoritos porque me hace muy feliz que la gente encuentre a su alma gemela): empieza a actuar desde este mismo momento para llegar a convertirte en la persona que te gustaría que la pareja de tus sueños viera en ti. Ponte ropa que te haga sentir bien, cuídate, come alimentos limpios y sanos, y ejercita tu hermoso cuerpo. Recuerda que el aspecto físico no lo es todo; la energía que emanas te ayudará a atraer todo lo que deseas. Contrariamente a la creencia popular, la atracción no se produce únicamente a nivel físico; en realidad, está mucho más relacionado con la energía. Algo poco convencional pero muy útil es hacer una sesión de fotos desnudo. Aunque te parezca una locura y un tanto incómodo al principio, unas de las mejores señales que hay para saber que estás en el camino correcto para llegar a convertirte en la persona que quieres ser es apreciar quién y qué eres y disfrutar de todo tu cuerpo. En ese momento toda tu realidad empezará a transformarse.

Una clienta, y ahora amiga, llamada María conoció a su alma gemela menos de veinticuatro horas después de vernos por primera vez en persona. Durante un multitudinario evento en Las Vegas, me senté con ella durante una hora y le transmití todo lo que sabía acerca del poder de la gratitud, del amor y del empoderamiento. Ella me contó que llevaba tres años soltera y que le estaba costando mucho encontrar una pareja con las cualidades adecuadas para empezar una relación estable. Después de explicarle algunas de mis estrategias y técnicas favoritas para atraer a nuestra alma gemela, las mismas técnicas que acabo de compartir contigo, le dije: «De hecho, lo más probable es que esa persona esté aquí, en este evento, entre esos miles de personas. Imagina qué probabilidades hay de que hayas venido a este evento para conocerme en persona, después de haber participado durante años en otros de mis programas para mejorar otros ámbitos de tu vida, como, por ejemplo, los negocios, cuando en realidad, lo que necesitabas realmente era escuchar justo lo que te estoy diciendo ahora mismo». Estas palabras activaron algo en ella, como un interruptor interior, encendiendo todo su cuerpo con la misma luminosidad que desprende una novia recién comprometida. No me sorprendió que al día siguiente conociera a su alma gemela en el evento. Incluso tuve la oportunidad de presenciar el momento, y debo decir que la química era muy poderosa. Fue como si cada uno de ellos pudiera ver el alma del otro; fue una bendición poder presenciarlo. Actualmente, siguen siendo una pareja feliz, viven juntos y tienen planes para casarse dentro de poco. María es otra de las muchas almas hermosas que he tenido el placer de conocer y ayudar a convertirse en un imán para el amor de su vida.

Como en otros ámbitos de tu vida, con el método SMC podrás deshacerte de cualquier creencia restrictiva que tengas en torno al amor. Es importante que analices tu historia personal, el guion que estás escribiendo sobre tu vida. Una vez más, descubre los sucesos de tu infancia que pueden provocarte una respuesta emocional y sánalos, como has hecho antes con tus finanzas y tu cuerpo. El proceso es idéntico para cualquier cosa que desees manifestar.

¿Sabes cómo recibir amor? Una de las claves de este proceso es aprender a recibir las manifestaciones del Universo. Aunque hagas todos los otros pasos correctamente, si no actúas cuando se te presenta la oportunidad, ¿cómo vas a poderla materializar? Cuando eres consciente de tu valía, de tus méritos, sólo puedes aspirar a la excelencia.

El primer paso te ayudará a determinar qué oportunidades o personas están reservadas para ti, qué situaciones toleras y a cuáles renuncias definitivamente.

Cuando conocí a mi futuro marido, estábamos a miles de kilómetros de distancia. Él vivía en Canadá y yo, en Reino Unido. Durante semanas, hablamos todos los días por videoconferencia, hasta que un domingo por la mañana se conectó con evidente resaca. Percibí su energía y le dije:

—Voy a colgar ahora mismo.

—Me encuentro fatal. Gracias por ser tan comprensiva conmigo –me contestó él sarcásticamente.

Inmediatamente le respondí:

—Yo no soy una de esas zorras que cogen el teléfono y dicen: «¡Cariño, lo siento mucho! Voy a enviarte comida a domicilio para que se te pase la resaca». ¡No! Vas a sentarte de una p… vez para que el hombre que hay detrás de ti pueda dar un paso al frente si tú no estás preparado para convertirte en alguien mejor de lo que eres. Siempre hay alguien detrás de ti. Hasta que no estés dispuesto a renunciar a esos comportamientos adictivos, o lo que sea que hagas los sábados por la noche, y decidas dejar todo al margen para convertirte en la versión del hombre que necesito que seas, no sólo por mí, sino también por el mundo, yo tampoco estaré dispuesta a casarme contigo ni a dejarte entrar en mi vida. Que te vaya bien. ¡*Ciao*!

Veinticuatro horas después aterrizaba en Reino Unido para pedirme que me casara con él. Regresamos juntos a Canadá, donde al cabo de unas semanas celebramos una boda de cuento de hadas que salió en el *New York Times*. Si quieres ver las fotos, aún están colgadas en Internet. ¡Fue un momento mágico! Te cuento todo esto sólo para que entiendas que, cuando adquieres ese nivel de autoconfianza, la persona adecuada llegará a tu vida y hará todo lo posible para demostrarte que es digna de tu amor.

Incluso ayudé a mi madre a atraer a su vida a su actual pareja. Años atrás, después de divorciarse, no dejaba de quejarse y de decir cosas como: «Nunca voy a conocer a nadie. Tengo cinco hijos y cuatro de ellos aún viven en casa. ¿Quién va a querer a alguien tan mayor? ¿Quién va a querer cargar con toda esta responsabilidad?». Finalmente, conseguí convencerla para que utilizara una página de citas y le enseñé unas cuantas frases empoderadoras para que las repitiera todas las mañanas, las mismas frases que les enseño a mis clientes como parte del programa «Manifiesta el amor», y así aumentar tanto su autoestima como su autoconfianza. También puse en práctica con ella una versión precoz del método SMC para eliminar las creencias restrictivas y los bloqueos relacionados con el amor. Hoy en día mi madre está felizmente casada. Me llena de alegría verla tan feliz, viviendo la vida que siempre quiso.

Si te comprometes sinceramente con estas prácticas, ninguna circunstancia o situación personal te impedirá atraer el amor a tu vida. De hecho, lo tienes al alcance de la mano, en tu mente y en tu corazón. Lo único que debes hacer es crear un espacio para recibirlo y creer que eres digno de él, porque lo eres. Todos lo somos. Por eso estamos aquí, ¿no? Para experimentar el amor en todas sus magníficas formas.

Para terminar, te contaré otra extraña y bonita historia de dos almas gemelas que se conocieron gracias al método SMC, concretamente en una de mis conferencias semanales sobre los secretos de la Ley de la Atracción. A mi marido también lo conocí así. Estas dos personas se sintieron tan inspirados por mi historia con Michael que continuaron conectándose a nuestra sala todos los domingos durante prácticamente un año, donde tuvieron la oportunidad de poner en práctica los distintos métodos para atraerse mutuamente. La determinación que demostraron tuvo su recompensa: actualmente también están felizmente casados y los dos continúan inspirando a otras personas mostrándoles que pueden manifestar el amor de sus vidas sin ni siquiera tener que conocerlo en persona. Éste es un ejemplo más de las numerosas parejas que he ayudado a manifestar el amor. Muchas de estas personas me han dicho que, al estar en mi presencia, tanto en persona como por Internet, algo se desbloquea en su interior. Y yo siempre les aseguro que yo no hago nada. Yo simplemente les ofrezco el espacio y les proporciono las herramientas necesarias para que ellos mismos puedan materializar cualquier cosa que deseen. La clave para atraer a un alma afín a tu vida es enamorarse de *la persona que eres,* y para conseguir eso antes debes convertirte en la mejor versión de ti mismo. Me ha hecho muy feliz ayudar a tanta gente a convertirse en un imán para atraer a la persona que ilumina su alma.

Capítulo 6

Los cinco pilares para alcanzar tus objetivos

Cuando damos con la receta perfecta para un plato y éste tiene un sabor exquisito, la próxima vez que lo hacemos, tratamos de reproducir los pasos que nos llevaron a obtener algo tan delicioso. A mí me llevó años de estudio, práctica e investigación descubrir la receta perfecta para manifestar. Finalmente, tras muchos años de ensayo y error, he logrado perfeccionar la receta para hacer realidad todo lo que deseas. Yo los llamo los Cinco Pilares de la Manifestación. Gracias a ellos, descubrirás tanto a la persona en la que deseas convertirte como lo que quieres hacer en este mundo. De ese modo, serás capaz de mejorar de forma significativa tu vida y cumplir el propósito de tu alma.

Primer pilar: Obtén una mayor claridad de visión

Uno de los principales problemas que tenemos es que no sabemos lo que queremos. Todos nos enfrentamos a este problema en algún momento u otro de nuestra vida. Aunque podría pensarse que es fácil responder a la pregunta «¿Qué es lo que quiero?», en realidad, la pregunta es más compleja de lo que parece y nos invita a la introspección.

Como hemos dicho anteriormente, *todo el mundo* está condicionado de un modo u otro. A menudo, nuestras aspiraciones consisten en satisfacer los roles y expectativas que los demás han puesto en nosotros, la mayoría de las veces incluso sacrificando las propias. Es importante que comprendas que, si deseas convertirte en algo más que la idea que tus padres elaboraron para ti, tienes que creer en tu ilimitada capacidad para conseguir cosas. Si *crees* que puedes alcanzar tus objetivos, tu visión siempre te señalará el camino de la excelencia. Aún mejor, con la ayuda del método SMC, podrás ver claramente la *razón* oculta detrás de tu visión, lo que te permitirá arrancar de raíz y eliminar de forma eficaz todas las autolimitaciones que pueden provocarte retrasos en el viaje a tu destino final.

Obtener claridad de visión es mucho más que simplemente pensar en quién quieres ser. Debes encarnar esa visión físicamente para activar tus poderes de creación y hacer realidad las ideas y sueños que encienden tu alma. Nunca me cansaré de reiterar la importancia de poner por escrito las visiones. Así que manos a la obra. Empieza por responder estas preguntas:

- ¿Qué hay detrás de tus aspiraciones? ¿Qué te impulsa a hacerlas realidad?
- ¿Quién quieres ser? ¿Qué versión de ti mismo haría realidad tus sueños?
- ¿Qué piensas hacer para conseguirlo? ¿Qué deseas manifestar en tu vida?
- ¿Cómo benefician tus sueños a otras personas? ¿Y al mundo? ¿Cómo seguirán beneficiando al mundo cuando ya no estés? ¿Tus objetivos podrán seguir desarrollándose? ¿Cómo los visualizas?

Sé muy preciso y claro en tus respuestas, hasta el punto de sentir cómo la energía recorre todo tu cuerpo. Cuanto más intensa sea la conexión emocional, mayor será la vibración que te impulse a alcanzar tu propósito vital. Puedes convertirlo en una declaración, como recomienda Napoleon Hill en su libro de 1937, *Piense y hágase rico*: «Lee tu declaración en voz alta dos veces al día, una justo antes de acostarte y otra por la mañana, nada más levantarte. Mientras la lees, asegúrate de visualizarla y sentirla, de creerte en posesión de tus deseos».[1]

Es probable que la declaración cambie y evolucione con el paso del tiempo. Dentro de tres meses, tus objetivos pueden haber cambiado completamente, o tal vez ya hayas conseguido algunas de las cosas que

---

1. HILL, NAPOLEON: *Piense y hágase rico.* Vergara, Barcelona, 2021.

te propusiste. La belleza de los conocimientos que te ofrezco en este libro es que puedes repetir el proceso para alcanzar metas cada vez mayores y así seguir avanzando mientras pones en práctica habilidades que te acompañarán durante toda la vida.

Existe una poderosa técnica de respiración que me gusta utilizar para acentuar los efectos de este primer paso. La importancia de la respiración es aplicable a todas las situaciones. La respiración nasal con zumbido aumenta la producción de óxido nítrico en el cuerpo. El óxido nítrico es un excelente broncodilatador, ensancha las arterias, reduce la presión sanguínea y vigoriza el cuerpo, lo que favorece el flujo sanguíneo en tejidos, músculos, células y órganos. Todo esto ayuda a crear un paraíso del pensamiento supersónico. Si deseas mejorar la calidad de tus pensamientos y trabajar eficazmente en un estado óptimo, lo primero que debes hacer es aumentar los niveles de óxido nítrico de tu cuerpo.

Otra forma de lograrlo es mediante una excelente técnica denominada «respiración de caja». Se trata de una técnica utilizada en el ejército por su capacidad para alcanzar en poco tiempo el estado de flujo, un estado caracterizado por el equilibrio perfecto y la concentración energética. Además, se trata de una técnica muy sencilla. Consiste en inhalar durante cuatro segundos, contener la respiración durante cuatro segundos más, exhalar durante otros cuatro segundos y, por último, volver a contener la respiración otros cuatro segundos más. Repite el ciclo de forma continuada. Es muy importante estar completamente relajado. Si partes desde un estado de tensión, no obtendrás ningún beneficio.

Cuando alcanzas un estado elevado de la conciencia a través de alguna de las numerosas técnicas de respiración, eres capaz de recibir flujos de descargas por parte del Universo, lo que te permite definir y dar forma a todos tus objetivos para todo aquello que desees lograr.

Lo siguiente que debes hacer, como recomienda Napoleón Hill, es repetir la declaración a menudo y de forma sistemática para aumentar su poder. Te recomiendo que crees un ritual matutino y otro vespertino para dotarla de un contexto. Estos dos momentos del día son muy poderosos, ya que, justo antes de conciliar el sueño y después de despertarnos es cuando el cerebro produce un mayor número de ondas theta, las cuales están relacionadas con los niveles intuitivos, visionarios y creativos de la experiencia. Se trata de un estado perfecto para fijar tus intenciones; dado que éstas se fijan con mayor facilidad en tu mente subconsciente, el resto del día puedes seguir manifestando con el piloto automático puesto. Evita los aparatos electrónicos durante esta fase. Se trata de tu espacio personal; todo lo demás puede esperar.

Repite la declaración en voz alta y clara. Conviértela en algo especial; es el momento más importante del día. También puedes aprovechar el tiempo para hacer cosas que te hagan sentir bien, como el yoga, la meditación, leer libros inspiradores o tomarte un té especial. Al convertirlo en un momento memorable, le estarás demostrando al Universo tu lealtad inquebrantable por el objetivo en cuestión… y por ti mismo.

Sin duda, la gratitud es la frecuencia más poderosa con la que podemos conectar por la mañana. Por eso, antes de hacer cualquier otra cosa, te animo a que digas esto en cuanto despiertes: «Gracias, gracias, gracias por este día». Al entregarnos a este sentimiento de gratitud, establecemos el tono para el resto del día. Apoya los pies en el suelo y da las gracias por todo lo que te rodea: «Gracias por la abundancia que hay en mi vida. Gracias por esta cama, por el edredón, por las sábanas. Gracias por tener un cuerpo sano, por las personas que comparten mi vida, mi familia, mis seres queridos…». Puedes expresar gratitud por todo aquello que se te ocurra.

Después de dar las gracias, lee en voz alta tu declaración. Recítala tantas veces como sea necesario hasta que consigas conectar con las emociones que te permiten hacerte presente. Tiene que parecerte real; ahí es donde reside el poder del ejercicio. Por último, realiza cualquier práctica que te ayude a elevar las vibraciones y te haga sentir mejor. Moverse es la mejor de las medicinas, pues con ello logramos emitir un flujo de energía que nos recorre todo el cuerpo; y, además, también es beneficioso para la salud general. Recuerda que, si quieres obtener resultados asombrosos, debes comprometerte a realizar estos rituales todos los días. Crea hábitos que saquen lo mejor de ti.

Gracias a mis rituales diarios, actualmente tengo la vida que siempre había soñado, y repetirlos diariamente me ayuda a lograr continuamente nuevos objetivos. Por la mañana, en cuanto abro los ojos, digo:

«Gracias por darme un día más, gracias por los latidos del corazón, por la respiración. Gracias, marido, por estar tumbado a mi lado y cuidarme siempre. Gracias por tus consejos». Repito estas palabras de gratitud y, después, recito en voz alta mi declaración. A estas alturas ya me la sé de memoria; con el tiempo, a ti te pasará lo mismo. Hasta entonces, puedes anotarla en un papelito y pegarlo en algún lugar donde puedas consultarlo a lo largo del día.

A continuación, medito para conectar con la Fuente, la Luz, Dios, el Universo o como quieras llamarlo. Sentir la conexión con esta energía superior, saber que estás alineado con tu propósito personal orientará cada una de tus acciones, cada paso, cada pensamiento hacia tu objetivo final. Durante la meditación, suelo pedirle al Universo que me indique los pasos que debo dar aquel día. Siempre hago la misma pregunta: «¿De qué modo puedo ayudar más a la gente? ¿Cómo puedo ayudar a más gente?».

No tardarás mucho en comprender que el objetivo final siempre viene definido por un propósito que está más allá de ti mismo. Cuando tienes la intención de ponerte al servicio de los demás, el Universo siempre te proporciona inmediatamente todo lo que necesitas, e incluso más. Milagrosamente, acudirán a tu vida las personas adecuadas, las circunstancias, los encuentros «casuales», las señales…, todo esto y más aparecerá como por arte de magia.

Aprendí por las malas las nefastas consecuencias de manifestar algo únicamente por motivaciones personales. Está claro que pueden proporcionar una momentánea sensación de alegría, pero ésta se desvanece con la misma rapidez con la que llega. La necesidad de obtener más cosas se hace más intensa; el gran vacío interior se acrecienta. En el pasado, a menudo deseaba cosas por razones egoístas. Incluso si experimentaba la abundancia, a veces incluso de forma desproporcionada, todo acababa desvaneciéndose poco después de recibirla, como si me arrancaran la alfombra de debajo de los pies. Si lo que haces no termina beneficiando a los demás, entonces es que ésa no es tu auténtica vocación. Es posible que te beneficie a corto plazo, pero no sirve a un propósito mayor. Hasta que no transformé mi vida para dedicarme al servicio de los demás, no sentí que tenía un propósito; después de eso, todo fue mucho más fácil. Actualmente, mi misión ha evolucionado;

mi objetivo ahora es encontrar el modo de seguir sirviendo a la humanidad cuando ya no esté en este mundo, dejar un legado que continúe beneficiando al mayor número de personas posible.

La única manera de aprender a servir a los demás es manifestando desde un lugar de amor, compasión y positividad, y renunciando por completo al ego. Esa es la principal diferencia entre la auténtica manifestación y la que sólo busca el beneficio personal. Si tienes presente este principio al crear tu declaración y visualizar tus objetivos, tus sueños se harán realidad.

Segundo pilar: Elimina los bloqueos

A estas alturas, la eliminación de creencias restrictivas y la reprogramación de la mente deberían ser conceptos familiares para ti. Naturalmente, a medida que te aproximes a tus objetivos, surgirán nuevos bloqueos. No obstante, gracias a las técnicas que hemos ido presentando, ahora posees la capacidad inherente de distanciarte, entender que tus creencias no te definen y superarlas. Cuando empecé a enseñar el método SMC a mis clientes, o ante miles de personas en eventos presenciales, solía recibir comentarios como éste: «¡Son como tres años de terapia en quince minutos! Nunca había podido desprenderme del dolor que me ha acompañado todo este tiempo hasta que aprendí a eliminarlo con el método SMC».

Una de las historias más conmovedoras que he vivido es la de Jennifer, una señora que conocí unos años atrás en una de mis *masterminds*[2] presenciales. Para empezar, les hice poner en práctica un poderoso ejercicio de perdón para que se deshicieran de todo aquello que necesitaban soltar antes de empezar el trabajo semanal. Pedí a los miembros del grupo que perdonaran a alguien por haberse estado aferrando a algo. De ese modo, también lograrían perdonarse a sí mismos. Jennifer vino a verme una hora después del ejercicio y me preguntó si podíamos hablar un momento en privado. Me contó que

---

2. Grupo de personas que se reúnen física o virtualmente para alcanzar un objetivo. *(N. del T.)*

ella y su madre siempre se habían llevado muy mal y que hacía más de veinte años que no se hablaban. Aunque habían intentado hacer terapia tres veces a lo largo de los años, Jennifer había perdido la esperanza y la fe en que su madre cambiara. No obstante, la terapia le ayudó a entender que su madre había proyectado desde muy joven toda su ira sobre ella. Según Jennifer, había crecido en un ambiente muy hostil que había dado lugar al desarrollo de traumas y problemas muy arraigados que se prolongaron hasta bien entrada su vida adulta. Cuando la conocí, tenía cuarenta y cinco años. A pesar del tiempo que había pasado, aún no se daba cuenta de la enorme presión que ejercían sobre ella sus pesadas creencias restrictivas. Me dijo que, a los cinco minutos de empezar a hacer el ejercicio, había recibido un mensaje de texto de su madre en el que le decía: «Jennifer, soy tu madre. No sé por qué he sentido la necesidad de pedirte que me llamaras, pero algo me decía que hoy tenía que llamarte. Por favor, llámame cuando puedas». Jennifer la llamó inmediatamente y tuvo la conversación más hermosa que había tenido jamás con su madre. Me dijo que había tenido la sensación de estar hablando con otra persona, que las palabras que habían salido de su boca eran muy distintas al tono y estilo que usaba con su madre habitualmente. Experimentó una sensación de ligereza, como si dejara atrás el pasado y todas las cosas que las distanciaban, dejando sólo una sensación de amor incondicional hacia su madre. Y lo que es aún mejor, su madre había sentido lo mismo. Aunque Jennifer me dio las gracias profusamente, le aseguré que no había sido yo quien había sanado la relación con su madre. El método simplemente le había proporcionado un espacio para que aprendiera a sanar su corazón. A veces ocurren milagros. Como diría Michael Jackson, empieza por el hombre del espejo.

El siguiente ejercicio es un método práctico para ayudarte a descubrir posibles bloqueos.

Dibuja dos columnas en una hoja de papel. En la primera, escribe el siguiente encabezamiento: «Energía negativa que quiero erradicar». Piensa en lo que te dice la voz debilitadora, el demonio malvado que aparece de repente para tratar de impedir que hagas milagros, que se esfuerza por evitar que creas en tus capacidades para lograr tus objetivos. ¿Qué es lo que te está frenando? Recuerda que la «X» del mapa está dentro de ti. El sentimiento o creencia que te está bloqueando clava sus raíces en tu interior.

Encabeza la segunda columna con «Mi vida actual sin el problema». Aquí debes describir cómo pensarías, sentirías, hablarías y actuarías sin la limitación que has detectado en la primera columna. Imagina cómo sería tu vida en estos momentos sin la creencia restrictiva que torpedea tu experiencia. ¿Cómo es? ¿Qué aspecto tiene? ¿Qué sientes? Imagina que se lo cuentas a un amigo o amiga. Cuéntaselo. Explícaselo. Déjate llevar por las emociones y escríbelo detalladamente. Hay algo mágico en el hecho de poner nuestras emociones por escrito. Tenemos la sensación de que se hace realidad en nuestra mente y nos ayuda a manifestar.

Tercer pilar: Afianza tu nuevo sistema de creencias

Me gustaría que empezaras a afianzar tu nuevo sistema de creencias con un ejercicio muy sencillo. Escribe cómo puedes transformar la energía negativa en una energía más positiva. Al personificar esta nueva realidad, averigua a quién más estás beneficiando con ello. Un ejemplo de cómo podría ser: «Si dejo ir el rencor que siento por (rellenar con el nombre de la persona), podré transformar esa energía negativa por vibraciones positivas, me sentiré bien conmigo mismo y provocaré otro resultado. Mi perspectiva cambiará y nuevas oportunidades fluirán en mi vida. Ahora vivo en la abundancia. Estoy más capacitado para ayudar a los demás. Podría fundar una organización benéfica, ayudar económicamente a mi familia y a mis seres queridos». Acceder a un estado modificado de la conciencia es la forma más sencilla de afianzar tu nuevo sistema de creencias. Puedes lograrlo con la meditación, la PNL o cualquier otra forma de trabajo mental profundo, como las meditaciones SMC, mediante las cuales reprogramamos la mente desde la raíz y visualizamos el resultado sintonizando con las frecuencias más altas para propiciar la materialización de nuestros deseos.

Para reprogramar la mente subconsciente y fijar un nuevo sistema de creencias, debemos decidir qué pensamientos y sentimientos permitimos entrar en nuestra mente. En cuanto detectes una vieja creencia restrictiva, tengas la sensación de que no eres digno de algo o te invada un sentimiento de inferioridad, detén inmediatamente el pensamiento y pídele que desaparezca. A continuación, sustituye esa creencia negativa restrictiva por una que sea todo lo contrario.

Pongamos un ejemplo. Empiezas a pensar: «No soy tan buena como ella. ¿Por qué *ella* tiene eso y yo no?». Automáticamente, detienes esa narrativa y le das la vuelta a la tortilla, afirmando algo como: «Ya *soy* buena. No debo compararme con nadie. Me alegro de que ella tenga todas esas cosas, porque me resulta muy inspirador saber que, si ella puede hacerlo, yo también puedo». Incluso puedes integrar métodos como el tapping: mientras das golpes suaves en el punto de tu cuerpo donde sientes que está acumulada la creencia restrictiva, dices: «¡Dejo ir esta creencia restrictiva!». A continuación, golpeas suavemente en el otro lado del cuerpo para imprimir la nueva creencia positiva con una afirmación alineada.

Cuarto pilar: Expande tu visión

El cuarto pilar es uno de mis favoritos. Consiste, básicamente, en usar la imaginación. Cuando tuve a mi hijo, veía cómo crecía día a día, cómo jugaba en el jardín con sus juguetes. Y cuando jugaba, usaba su imaginación de la manera más increíble, como suelen hacer los niños a menudo. Los niños son capaces de visualizar el Universo delante de sus narices, lo que les permite ver cualquier cosa que deseen. Mi hijo me contaba todo lo que veía, desde hadas hasta cualquier cosa que se te pueda ocurrir. Jugaba con amigos imaginarios, algo especialmente fascinante y que es posible porque los niños aún no han aprendido a distinguir entre imaginación y realidad. Sus mentes están poderosamente ancladas en el presente. Por supuesto, con el paso del tiempo, los valores de la sociedad, de la escuela y de otras personas van filtrándose lentamente y ese entusiasmo por la vida termina por agotarse. Me gustaría enseñarte a recuperar ese entusiasmo, esa curiosidad por el mundo.

El primer paso consiste en crear un mapa de los sueños. La primera vez que oí hablar del proceso de visualización fue hace unos quince años. Fue en la película *El secreto,* por parte de mi querido amigo John Assaraf. Tras escuchar a John, primero en el libro y después en la película, todo encajó finalmente en mi cabeza. Imaginar que tu vida futura existe realmente no era una tontería, ni una chiquillada; era una genialidad. Me di cuenta de que podía diseñar mi vida como un arquitecto y usarla como herramienta para atraer a mi realidad todo lo que anhelaba. En aquel momento no imaginaba que, años más tarde, lograría manifestar a John, y a tantos otros de mis ídolos, desde mi mapa de los sueños y que terminarían convirtiéndose en amigos y colegas. Lo que resulta aún más sorprendente es que, recientemente, cuando fui a darle una sorpresa a una de mis clientas en su casa de Los Ángeles, en cuanto entramos con el equipo de filmación, la mujer rompió a llorar y dijo: «¡No puedo creer que *de verdad tenga la oportunidad* de conocerte en persona! Hace tres años escribí en mi diario que una de las cosas que quería materializar en mi vida era conocer a Natasha y que se convirtiera en mi consejera. Pegué una foto tuya subida a un escenario en mi mapa de los sueños, ¡y ahora estás aquí!». Me contó que había usado el método SMC para hacer realidad aquel momento y me mostró todas las cosas que se habían materializado en su vida desde que yo era su consejera. Finalmente, me dio las gracias por las herramientas que la habían ayudado a entender cómo usar el poder de su subconsciente y hacer realidad esas ideas. Como ella, tú también puedes conseguirlo.

Los mapas de los sueños pueden ser físicos, para lo cual puedes usar la técnica o manualidad que prefieras, o digitales. Realicé mi primer mapa cuando era adolescente usando recortes de revistas. Recuerdo que escribí creencias afirmativas junto a cada una de las imágenes que representaban mis mayores anhelos en la vida. Te daré un buen consejo que te ayudará a encontrar la motivación a la hora de confeccionar tu mapa de los sueños: selecciona varias imágenes inspiradoras de las cosas que quieras experimentar o de lugares que quieras visitar. Yo llevo casi dos décadas creándolos y me encanta rehacerlos cada año. Renovarlos con regularidad fortalece mi sistema de creencias. Además, contemplar cada uno de los mapas que he realizado y ver que he logrado manifestar todo lo que hay en ellos me produce una gran satisfacción. Esa sensación del trabajo realizado refuerza el impulso para *convertirte en la mejor versión de ti mismo.*

> ***«Para mí, llegar a ser alguien no significa llegar a algún sitio ni alcanzar un objetivo. Yo lo veo más como un movimiento hacia delante, una forma de evolucionar, de tender continuamente hacia una mejor versión de uno mismo. El viaje no termina nunca».*** *—Michelle Obama*

Piensa cómo te gustaría que fueran todos los aspectos de tu vida: las relaciones sentimentales, el trabajo, las finanzas, la vida familiar, la labor filantrópica. Céntrate en todo lo que te produce alegría, pon tu música favorita, disfruta de esta nueva versión de ti misma.

Me encanta esa palabra: «disfrutar». De hecho, es una parte muy importante del proceso que lleva a convertirnos en nuestra mejor versión. No finjas que estás disfrutándolo; disfrútalo de verdad. Interioriza el momento. Aprovecha ese tiempo para dedicarlo exclusivamente a ti mismo. Tómate un par de horas libres, piérdete en el ritmo de la música, disfrútala, ¡date el gusto! Siente la versión futura de ti mismo. ¿Cómo te sientes? ¿Qué aspecto tienes? ¿Cómo es el entorno que has creado? Concéntrate en eso. ¿Cómo te sientes tras haber alcanzado esos objetivos?

El otro día me puse nostálgica y cogí uno de mis viejos mapas de los sueños. Tendría unos siete años. Me quedé de piedra. Había hecho realidad absolutamente todo lo que aparecía en la página, hasta el más mínimo detalle: los coches, las casas, la pareja soñada, mi hijo, el amor y la abundancia, la empresa de éxito. Pero debo advertirte algo. Si olvidas algún detalle, el Universo lo completará por ti. Así que intenta no dejarte nada. El proceso se parece bastante a comprar algo en línea: te pasas horas buscando en Internet hasta encontrar lo que más te gusta y entonces haces el pedido para poder seguir con las actividades cotidianas. Supongamos que estás buscando un traje nuevo. Lo primero que haces es imaginar lo bien que te quedará puesto y, cuando encuentras el modelo perfecto, haces el pedido y ¡listo! El traje te llega a la puerta de casa. Incluso puedes elegir el día en que quieres recibirlo. Ahora bien, suponiendo que hagas lo mismo que hace la mayoría de la gente, no es normal llamar a la empresa para preguntar: «Disculpe, ¿quién me entregará el pedido? ¿Quién es el repartidor? ¿Qué vehículo conduce?». Por supuesto que no. Confías ciegamente en que te lo entreguen tal y como te han dicho. Pues tu mapa de los sueños funciona igual. Haces un pedido al Universo diciéndole lo que quieres y confiando en que se hará realidad a su debido tiempo.

Quiero hacer una breve digresión para hablar del tema del desapego. El desapego es uno de los fundamentos del budismo y, de joven, alentada por mi padre, me sumergí en diversas de sus prácticas. Años después, el desapego me sirvió mucho más de lo que imaginaba en aquel entonces, y es un concepto que siempre he tenido presente: el desapego de la necesidad, del deseo o de aferrarse a demasiadas cosas. Existe una gran diferencia entre necesitar algo y comprender que ya es tuyo. Los dos sentimientos se componen de energías paralelas. Aunque más adelante profundizaremos más en este concepto, me gustaría señalar aquí que no es bueno caer en la desesperación por las cosas que deseamos atraer a nuestra vida. Si le ofreces al Universo la energía de la carencia y la necesidad, terminarás materializando precisamente eso. Lo que debes hacer es ofrecer la energía resultante de tener todo lo que puedas necesitar. ¡Si ya lo tienes todo, no necesitas luchar por nada! Como cuando compras en línea, haces tu pedido al Universo y sigues adelante con tus actividades diarias. Siguiendo con el ejemplo, el mapa de los sueños sería el acto de hacer el pedido. Cuélgalo en algún lugar visible de la casa. De ese modo, tu mente subconsciente atraerá los objetivos de forma pasiva, es decir, ¡los materializará sin que tengas que mover un dedo!

Otra forma de expandir la visión es usando amplificadores, una palabra de mi propia cosecha. Los amplificadores son personas que nos ayudan a ampliar nuestra visión. Rodéate de personas de las que puedas aprender y que te ayuden a crecer. Cuando yo quería atraer abundancia y riqueza a mi vida, hacía todo lo posible por conocer en Internet, o incluso en mi círculo personal de relaciones, a empresarias de éxito. Me decía a mí misma: «Esa mujer proviene de un contexto socioeconómico muy parecido al mío y ha vivido experiencias muy similares a las mías. Si me identifico con ella, seguro que yo también podré hacer todo lo que ha conseguido ella». Si eres capaz de encontrar a alguien con quien te sientas identificado, tendrás más confianza en tus propias capacidades para igualar o incluso superar sus éxitos. Elige a personas excelsas, a los autores más vendidos, a los mejores en su profesión. Encuentra en ellos inspiración y estímulo.

También puedes usar amplificadores en tu vida sentimental. Rodéate de parejas que tengan una relación que desees emular. Busca parejas poderosas que encarnen lo que te gustaría conseguir para ti. Estudia y reproduce sus comportamientos. Como siempre, observa desde un lugar de amor y compasión; si deseas transformar radicalmente todos los aspectos de tu vida, elimina de tu mundo el ego, el orgullo y los celos.

Utiliza a las cinco personas más próximas para atraer a tu vida todo lo que deseas. No importa si aún no las has conocido en persona. Internet es un espacio que contiene una cantidad ilimitada de poder y energía. Cuando manifesté a mi marido, aún no conocía a ninguna de las cinco parejas con las que estaba armonizando. Observaba a gente como Obama y Michelle o Justin y Hailey, buscaba inspiración en personas de muy distinta índole y en sus hermosas relaciones. Solía ver vídeos de esas personas para saber cómo pasaban el tiempo y sentía el amor que se profesaban, lo que me producía una gran alegría.

Cuando sueñas despierto, entras en un estado hipnótico. En esta especie de estado de trance, tu cerebro empieza a percibir la realidad a cámara lenta y terminas con la vista fija en un punto. Cuando te ocurre eso, siempre y cuando aprendas a controlarlo, puede llegar a convertirse en un estado mental muy poderoso. Cuando aprendas a sustituir cualquier pensamiento por su equivalente ideal (es decir, aquello que deseas atraer a tu vida), a soñar despierto con esa idea y a fijar la vista en aquello que ya te pertenece, significará que ya estás empezando a manipular tu mente subconsciente y, por tanto, a remodelar tu cerebro.

Teniendo esto en cuenta, ten mucho cuidado con lo que consumes visualmente tanto en la televisión como en el resto de los medios de comunicación. Cuando ves la tele, tu mente consciente se desactiva para dejar espacio a tu mente subconsciente, provocando de nuevo que caigas en ese estado parecido al trance en el que te quedas mirando fijamente la pantalla. Es esencial que establezcas unos límites estrictos respecto a lo que le permites consumir a tu subconsciente, especialmente antes de dormir (recuerda que es el momento del día en el que tu cerebro está más receptivo).

Las semillas se plantan en la mente como un óvulo en el útero. Ten cuidado con las semillas que plantas durante tus visitas nocturnas al país de los sueños. Si consumes una gran cantidad de contenido sobre relaciones saludables, divertidas y satisfactorias, y eso es lo que quieres atraer a tu vida, entonces estás en la senda adecuada. Si, por el contrario, permites que los medios de comunicación invadan negativamente tu espacio mental, aún te queda camino por recorrer.

Uno de los principales problemas a la hora de poner en práctica la Ley de la Atracción, y la razón principal por la que la gente no obtiene los resultados deseados, es que, aunque piensen de forma positiva, no saben cómo traducir esos pensamientos en sentimientos y emociones que, posteriormente, pueden usar como combustible para actuar. ¿Están tus acciones alineadas de ese modo? Porque ése es el siguiente pilar del que vamos a hablar: pasar a la acción.

Recordar en todo momento que debes actuar como si ya hubieras hecho realidad tus sueños es la pieza más importante del puzle. Puedes conseguir cualquier cosa que desees atraer a tu vida, pero antes debes sentir que ya es tuya. Tienes que creértelo. Tu cerebro no sabe si ya ha sucedido realmente o no. Recuerda que debes visualizar los colores, olores y sabores, como hacemos en el método SMC. La repetición es una parte muy importante de la visualización. Si repites la misma visión en tu mente una y otra vez, te sorprenderá la rapidez con la que se materializa en tu vida. Antes de pasar al quinto pilar, sigue haciendo todos los días las cosas que te hacen sentir más fuerte y que aumentan tus vibraciones.

Quinto pilar: Actúa de manera inspirada

Éste es el último pilar para manifestar lo que más deseas y dar forma a la realidad a tu manera. Estamos ante uno de los pilares más importantes porque, si no actuamos, todos los pensamientos, creencias y afirmaciones positivas que hemos logrado movilizar quedarían encerrados en los confines de nuestra imaginación. No es agradable tropezar en el último obstáculo. Por muy poderosos que sean los cuatro primeros pilares, si no completas el último paso, no llegarás a ninguna parte. Si quieres llegar a la meta, deberás actuar. Todo lo que siempre has querido está al alcance de tu mano. ¿A qué estás esperando?

Mi primer consejo es que escribas en un papel el objetivo que te marcaste en el primer pilar y que trabajes con él hasta ser capaz de visualizarlo. Antes de acostarte, escribe tres objetivos menos ambiciosos que pueden ayudarte a alcanzar el objetivo principal, objetivos que puedas lograr al día siguiente. Tres objetivos diarios son 1 095 objetivos al cabo del año. Recuerda que te estás convirtiendo en una persona que cumple con sus objetivos. ¿Te das cuenta del poder que tienes al alcance de la mano?

Pongamos, por ejemplo, que tu objetivo es escribir un libro este año. Los tres objetivos menos ambiciosos del día podrían ser encontrar un editor, enviar un correo electrónico a cincuenta editores potenciales y contactar con amigos que puedan escribir citas y testimonios para el libro. Son tres cosas sencillas y fáciles de conseguir que te darán una profunda sensación de satisfacción por haber logrado algo cada día. Cuando empiezas a cumplir tus objetivos, la energía resultante se vuelve contagiosa. Atraer objetivos mayores requiere menos esfuerzo porque ya eres alguien acostumbrado a conseguir cosas; es lo que haces todos los días.

Ya que estamos hablando del poder del tres, me gustaría señalar que las personalidades más influyentes de la historia, al igual que muchas grandes mentes (como, por ejemplo, Einstein, Leonardo da Vinci, Ludovico), tenían una cosa en común: todas ellas se esforzaron por ser mejores en su oficio. Todos los días se concentraban intensamente en sus habilidades durante horas. Se apartaban del mundo, a veces incluso viajaban a lugares aislados para sentarse y concentrarse en lo que mejor sabían hacer: aprender, estudiar, leer, escribir y practicar sin ningún tipo de distracción. Para ellos era lo *más* importante. Yo sigo su ejemplo durante tres horas al día. Me dedico a leer, escribir y estudiar. Escucho un *podcast*, leo un libro o escribo un nuevo capítulo de mi libro. Sea lo que sea, dedico tres horas al día a este tipo de actividades. Es decir, más de 1 095 horas al año perfeccionando mi oficio. La repetición es la clave del talento, y el único camino que lleva a la excelencia es la práctica.

Cuando leo un libro, intento meterme en la cabeza del autor, como si fuera mi mentor personal durante las tres horas de lectura. Al leer de ese modo, tienes la sensación de estar aprendiendo de primera mano, viviendo la mentalidad de esa persona, entendiendo sus procesos mentales, por lo que te resulta mucho fácil ponerte en su lugar. La lectura es una herramienta de crecimiento enormemente poderosa. Cuando nos damos a nosotros mismos el espacio necesario para aprender, siempre acabamos obteniendo algo valioso que compartir con los demás.

Hay una cita famosa que me gusta especialmente: «Cuando el alumno está preparado, aparece el maestro». El hecho de que estés leyendo ahora mismo este libro demuestra que estás preparado para aprender. Tanto si me permites ser tu mentor para poder guiarte en un viaje que te llevará a alcanzar el más alto nivel de excelencia como si encuentras a otro, asegúrate de invertir en ti mismo, perfeccionar tu oficio, apuntarte al programa, mejorar tu mentalidad, porque el 80 % del éxito está en la mentalidad, mientras que el 20 % restante depende de tu capacidad para actuar. La mentalidad es muy importante, pero completamente inútil si no pasas a la acción. Así que no dejes pasar ni un día sin avanzar en pos de tu sueño.

Ésa fue la idea que me llevó a escribir mi primer libro, *The Action Plan:* la posibilidad de implementar en nuestra vida la Ley de la Atracción en menos de una hora, simplificándola para que pueda aprenderse rápidamente y sea fácil de aplicar. Puede aplicarse a cualquier cosa que quieras conseguir en tu vida.

Fijar un objetivo es un primer paso importante, pero siempre y cuando estés dispuesto a dar los pasos necesarios para materializarlo. Me gustaría que probaras ahora mismo el siguiente ejercicio: dibuja una pirámide con el lado más largo en la base. En este espacio inferior, escribe tus tareas más urgentes, las cosas que debes resolver de forma inmediata, incluso hoy mismo. Reserva la parte central de la pirámide para tu objetivo y el nivel superior para tus ideas. Ahora ha llegado el momento de rellenar la base, la parte central y la parte superior de la pirámide.

La parte a la que dedicarás menos tiempo es la de las ideas, de ahí que la pongamos en la parte superior. A pesar de eso, no te olvides de ellas; aquí es donde finalmente se producirá la magia. Los pensamientos, de donde surgen las ideas, se convierten en cosas, y aunque ahora te parezcan pequeñas, las ideas no tardarán mucho en convertirse en visiones más ambiciosas, como, por ejemplo, crear una aplicación o fundar una empresa, algo que sabes que estará conectado con tu objetivo final, el de mayor envergadura.

En la sección intermedia están los objetivos que deseas alcanzar: escribir un libro, fundar una empresa, etc. El mero hecho de plasmarlo en la página prenderá la chispa de la motivación y te ayudará a centrarte en tu objetivo. En función de los objetivos que te hayas planteado en esta sección, elige qué acciones necesitas realizar todos los días para conseguir materializarlos. Las tareas urgentes forman la base de la pirámide. Por ejemplo, cualquier combinación de tareas que debas hacer ese mismo día: tareas administrativas, facturación, trabajo que (por el momento) te permite sobrevivir, tareas domésticas, etc. Todo esto podría formar parte de tu lista de tareas inmediatas.

En última instancia, el principal objetivo es quitarte de en medio lo antes posible las tareas urgentes, que además son las más numerosas. Una vez hecho eso, puedes concentrarte en los objetivos semanales, mensuales o incluso anuales. Puedes ir desglosando esos objetivos durante las tres horas diarias de dedicación a tu oficio. Y, por último, puedes expandir tus ideas y elaborar estrategias para ponerlas en práctica. Y no olvides los rituales matutinos y vespertinos de los que hemos hablado antes. Es posible que te parezca demasiado trabajo, pero te aseguro que en cuanto cambias de mentalidad, las oportunidades aparecen de repente por todas partes.

En realidad, son oportunidades que siempre han estado ahí; la diferencia es que, con la perspectiva recién adquirida, ahora eres capaz de reconocerlas claramente.

Cuando tienes un objetivo claro que deseas manifestar, pedirle al Universo cada día que te dé una señal para saber que vas por el buen camino puede resultar reconfortante. Las señales pueden ser acontecimientos, personas o lugares que te permiten vislumbrar cómo puedes ayudar mejor a la humanidad.

Los baches en el camino, por supuesto, forman parte de la vida. No intentaré convencerte de que la travesía va a ser una balsa de aceite. Lo más probable es que debas enfrentarte a desafíos durante el camino. Cuando no tienes un buen día y estás deprimido, es difícil de que ocurra algo que te haga sentir mejor. ¿Por qué? Porque lo semejante se atrae. Siempre recibes en función de lo que das. Intenta cambiar tu estado de ánimo mostrando gratitud, incluso cuando has tocado fondo, como yo cuando estaba enferma. En aquellos momentos, daba las gracias por todas las demás partes de mi cuerpo que funcionaban. Del mismo modo, cuando no tenía dinero, daba las gracias por todas las cosas que *sí* tenía, como mi hijo. Sentía gratitud por el hecho de que mis padres me hubieran permitido volver a casa y así no tener que dormir en la calle. Al transformar la desesperanza en un abundante sentimiento de gratitud, fui capaz de atraer de forma natural más positividad a mi vida.

Pongamos esto en práctica ahora mismo. Escribe cinco cosas de las que estás agradecido. Tómate el tiempo que necesites para hacer este sencillo ejercicio de gratitud.

Cuando las tengas, crea otra columna con el siguiente título: «Me hace mucha ilusión…» y escribe cinco cosas que te hagan especial ilusión en tu vida ahora mismo. Por ejemplo: «Me hace mucha ilusión viajar este año a cinco países que no conozco». Incluso puede ser algo que no hubieras planeado pero que te haría ilusión que te pasara. Puede ser algo que ya hayas planificado o una experiencia emocionante que te gustaría vivir. ¿Qué te hace ilusión? Escríbelo.

Por último, escribe cinco cosas por las que estés agradecido como si ya fueran tuyas. Así es como se consigue materializar los sueños: dando gracias por las cosas que deseamos incluso antes de que éstas se hagan realidad. Así es cómo logré volver a atraer el dinero a mi vida. Tenía una deuda de 50 000 dólares. Sí, has oído bien. ¡50 000! Escribí: «Estoy tan agradecida por los 55 000 dólares que hay en mi cuenta corriente ahora mismo. Estoy muy agradecida por este cheque inesperado que acabo de recibir. Estoy muy emocionada porque ahora tengo la posibilidad de pagar mis deudas y vivir sin ningún tipo de atadura financiera que me impida seguir avanzando». Escríbelo todo sin omitir ningún detalle.

Tres meses después de empezar a hacer este ejercicio ya había logrado pagar todas mis deudas. Para ser precisos, gané 56 259 dólares, unos mil dólares más de lo que necesitaba. No me lo podía creer. Ese día, me demostré a mí misma que disponía de la capacidad para transformar mi realidad simplemente aprovechando al máximo mi mentalidad. Todo el mundo crea su propia historia.

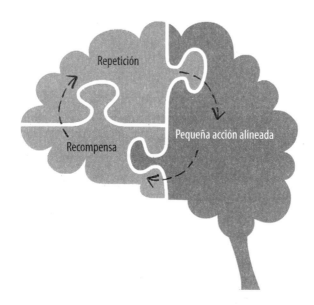

Repite este ejercicio todos los días durante 21 días. Son necesarios 21 días para crear un pequeño hábito y 66 para uno más importante. Cada vez que tachas algo de la lista, el cerebro recibe un pequeño subidón de dopamina, un neurotransmisor del sistema de recompensa de tu cerebro que se comporta como tu animador personal, recordándote que *eres* la persona de éxito que estás destinada a ser.

El diagrama que aparece más arriba representa el bucle cognitivo que se produce cada vez que realizas una pequeña acción alineada. Te comprometes a hacer algo por ti mismo, notas sus increíbles beneficios y cada vez te sientes más motivado para seguir haciéndolo.

Llevar un control es una buena forma de responsabilizarse de algo. Intenta rellenar el registro de hábitos que encontrarás en la página 111 durante los próximos 21 días. Considera estos días como 21 oportunidades de seguir avanzando hacia tu pleno potencial. ¿Por qué no se lo envías a un amigo y os comprometéis a controlaros mutuamente?

Ésa es la clave. Actúa para alcanzar los objetivos que te inspiren a aceptar la misión de tu vida y observa cómo se materializa ante tus propios ojos. Créeme, cuando te esfuerzas por redefinir tu mentalidad y crees en tus ilimitadas capacidades, puedes conseguir cualquier cosa que te propongas, por muy negro que te parezca el futuro cuando empiezas. Eres la materialización de tu propia creación.

Mi hábito diario   DÍA   1   2   3   4   5   6   7   8   9   10   11   12   13   14   15   16   17   18   19   20   21

Capítulo 7

De la visión a la materialización

¿Qué ocurre entre el momento en que fijas tu visión, redefiniendo tus objetivos, y el momento en que los materializas? Pues muchísimas cosas. Si realmente quieres conseguir todo lo que deseas, has de estar dispuesto a trabajar duro. El medallista olímpico Michael Phelps dijo en una ocasión: «Si quieres ser el mejor, tienes que hacer cosas que otros no están dispuestos a hacer». Debes estar dispuesto a superar las expectativas. ¿Qué quiere decir eso exactamente? Pues, por ejemplo, despertarte más temprano por las mañanas, elaborar estrategias diarias encaminadas a hacer realidad tus sueños, erigir un espacio sagrado a tu alrededor, ser más generoso con los demás o destacar físicamente. Hagas lo que hagas, para poder alcanzar la excelencia en todos los aspectos de tu vida, es fundamental que te comprometas contigo mismo y con tus objetivos desarrollando una voluntad del esfuerzo.

Como hemos mencionado antes, la repetición diaria de acciones alineadas conduce al éxito y la abundancia. Y los días en los que no te sientes bien del todo, cuando las cosas no salen como estaban previstas, cuando te encuentras inmerso en una situación desmotivadora, es cuando debes recurrir a tu capacidad para sacar fuerzas de flaqueza. Cuantos más retos superes y más robusta sea tu capacidad de recuperación, mayor será la fuerza inquebrantable que te ayudará a superar las dificultades. Cuando caigas, volverás a levantarte. Para alcanzar tus objetivos deberás demostrar una persistencia a largo plazo.

Todos hemos cometido el error de fijarnos unos propósitos aparentemente inspiradores a principios de año. Dejándonos llevar por un exceso de motivación, planeamos detenidamente emocionantes aventuras como ir al gimnasio, dejar el alcohol o la comida basura. ¿No te has preguntado nunca por qué todos estos propósitos terminan desvaneciéndose al cabo de una semana? ¿Por qué mucha gente paga la cuota anual del gimnasio y deja de ir después del primer mes? Pues porque se equivocan de objetivos. Dejan todo en manos de la motivación y se olvidan de establecer un propósito real que respalde su objetivo. Por eso es tan importante acompañar nuestros objetivos de una *razón* fuerte y poderosa que nos proporcione la fuerza motriz para seguir adelante.

Hay un proverbio japonés que reza: «La visión sin acción es sólo un sueño. La acción sin visión es una pesadilla». Fijar objetivos o visiones de forma arbitraria y sin respaldarlos de acciones alineadas lleva a un callejón sin salida.

Las acciones sin un propósito que las acompañen agotan toda nuestra energía y conducen a una vida de frustración, angustia y terror.

Muchas personas no se atreven a actuar por miedo al fracaso (en un capítulo posterior profundizaremos en el tema del fracaso). El inquietante *¿Y si…?* les infunde terror, limitando su capacidad de acción y crecimiento al restringido círculo de su zona de confort. Sin embargo, si siempre jugamos sobre seguro, nunca creceremos. Para evolucionar, hemos de salir de nuestra zona de confort, exponernos a experiencias nuevas y estimulantes, superar nuestros límites y echar abajo las barreras. De hecho, el miedo es una de las frecuencias vibratorias más bajas que existen; es tan baja que incluso puede llegar a paralizarnos y volvernos hostiles. No permitas nunca más que el miedo dirija tu vida.

Pese a no ser muy agradable cuando llega, estoy convencida de que toda situación negativa, todo fracaso, viene acompañado de una bendición, la cual a menudo se presenta en forma de importante lección. Cada vez que te enfrentes a una situación que percibas como negativa, transforma el miedo en fe y piensa: «¿Quién soy yo para dudar del camino que el Universo ha trazado para mí?». Acepta el miedo, céntrate en el objetivo que te has marcado, salta y la red aparecerá. He tenido miedo muchas veces a lo largo de mi vida, y si le hubiera permitido que tomara decisiones por mí, hoy no estarías leyendo este libro.

Nadie vive sin miedo, ni siquiera las personas de éxito. La única diferencia entre éstas y el resto del mundo es que las personas de éxito no permiten que el miedo las paralice. Reciclan sus miedos y los convierten en aceleradores de su evolución, levantándose todos los días dispuestos a plantarles cara.

Si ahora mismo te sientes atascado mentalmente, es el momento perfecto de adquirir nuevas habilidades y activar todos los aspectos de tu vida: salud, relaciones personales, mentalidad, amor, dones, trabajo… También es el momento de emprender acciones todos los días, por muy pequeñas que sean; acciones, eso sí, que estén alineadas con tu objetivo prioritario. No pierdas el tiempo soñando con lo que *podrías* lograr; empieza a actuar para conseguirlo. Sólo disponemos del momento presente, así que no lo desperdicies. En este mismo instante estás leyendo estas palabras y aprendiendo sobre la Ley de la Atracción. El pasado no existe, ni tampoco el futuro. Lo único que existe es el ahora.

Es importante señalar que también debemos evitar el otro extremo. Existe un precario equilibrio entre esforzarse en exceso y acabar quemado, agotado y diez pasos por detrás del lugar donde empezaste, y esforzarse por conseguir algo sin perder nunca el norte. Si nos dejamos guiar en todo momento por la conciencia plena, seremos capaces de distinguir mejor qué necesitamos y cuándo lo necesitamos; cuándo debemos subir la temperatura y cuándo refrescarnos y hacer un descanso.

Todo lo que hemos dicho hasta ahora tiene como objetivo proporcionarte las herramientas que necesitas para, literalmente, *convertirte en la mejor versión de ti mismo,* en la persona que estás destinado a ser. Por tanto, es un buen momento para recordar que el proceso para llegar a serlo funciona en ambos sentidos.

Hace unos años tuve un cliente al que llamaré Dan por cuestiones de discreción. Aunque Dan es un buen tipo, estaba inmerso en una espiral muy negativa; se pasaba el día borracho y tenía varias parejas sexuales. Parecía completamente perdido. No tenía dirección, ni propósito, y tener tanto dinero no le hacía ningún bien. Un día mantuve una charla con él y le pregunté sin rodeos: «¿Realmente quieres ser la persona que eres?».

Creo que al principio se quedó muy sorprendido ante mis palabras, pero decidí insistir. A veces, para poder despertar, sólo necesitas que alguien te diga lo que todo el mundo piensa. Le dije: «El mundo te ve como el payaso de la fiesta, el mujeriego, el playboy. ¿Te gustan esos apelativos? Porque cada vez que insistes en esos comportamientos, te conviertes en una persona más ridícula. ¿Realmente eres así?». Por último, le animé a que me llamara si estaba dispuesto a cambiar.

Sé que mi actitud puede parecer dura, incluso cruel, pero si no le hubiera puesto el espejo delante de la cara, no me habría escuchado. Me llamó aproximadamente seis meses después. «De acuerdo, has ayudado a miles de personas, tal vez esa transformación también podría funcionar conmigo. Lo haré». Más tarde, me dijo que se estaba medicando para la depresión y que había consultado a varios terapeutas pero que no había notado ni una pizca de mejora. Dan realizó todos los ejercicios de este libro. Además, me encargué personalmente de brindarle orientación, además de participar en algunos de mis programas de *coaching*. Para su asombro, poco a poco, día a día, Dan descubrió que era digno de recibir amor, que ya no necesitaba beber para adormecer el dolor. Dejó completamente el alcohol y se dio cuenta de que podía utilizar ese tiempo y esos recursos para hacer algo mejor.

Lo que convierte a Dan en un caso curioso es que él ya era un hombre rico; tan rico que, de hecho, el dinero se había convertido en otra fuente de adicción: ganar dinero por el mero hecho de ganarlo, sin ningún propósito real que lo justificara más allá que como herramienta para sobrellevar el dolor. Gracias a mi orientación, Dan reorganizó su empresa para dotarla de un mayor propósito e incluso creó una organización benéfica. Descubrió que disponía de numerosas competencias transferibles que podía utilizar para hacer del mundo un lugar mejor. Y lentamente, Dan volvió a sentirse completo. Él mismo se convirtió en su propósito en lugar de en su adicción.

Hagas lo que hagas, siempre muéstrate agradecido y hazte presente. Céntrate en lo que puedes controlar: las rutinas, los rituales matutino y vespertino, tu visión. Si logras centrarte en esas cosas, podrás crear la realidad que deseas.

Capítulo 8

Aprovecha tu ilimitado poder

En su libro *El poder de tu mente subconsciente*, Joseph Murphy asegura: «Lo que siembres en tu subconsciente, lo cosecharás tanto en tu cuerpo como en tu entorno».[1] Y tú, ¿qué tipo de semillas estás sembrando en tu subconsciente? ¿Semillas de tristeza e ira o de alegría, amor y compasión? Porque sólo cosecharás y recibirás lo que hayas plantado.

Quiero que te conviertas en un especialista plantando semillas, por eso voy a enseñarte cuatro herramientas básicas para sintonizar con un estado superior de autoconciencia. Sólo a través de la conciencia plena podemos dominar el poder de nuestros pensamientos y el ilimitado poder que llevamos dentro.

La primera herramienta es la desconexión: desconéctate de todos tus dispositivos y de toda distracción. Demuestra que tienes la valentía de estar a solas con tus propios pensamientos. Esto es algo que debes hacer todos los días. ¿Cuántos minutos al día dedicas a la meditación? ¿Cuánto tiempo dedicas a estar únicamente en tu propia presencia, en compañía de tu propia energía? Responder a estas preguntas puede resultar un desafío, pero te ayudarán a saber dónde estás y a planificar el camino a seguir.

La segunda herramienta consiste en visualizarnos a nosotros mismos desprendiéndonos de las ataduras. Piensa en todo aquello que te limita e imagina que todas las creencias restrictivas, todos los pensamientos y sentimientos que te impiden avanzar abandonan tu cuerpo

---

1. Murphy, Joseph: *El poder de tu mente subconsciente*. Arkano Books, Madrid (2011).

como si se tratara de una gotera en el techo. Deja ir todo lo que no forme parte de tu versión ideal. Te animo a que anotes en tu diario los comportamientos pasados a medida que salgan a la superficie y que después los taches para demostrar, simbólicamente, que te comprometes a no volver a caer en ellos. Mientras lo haces, repite estas palabras: «No necesito hacer esto nunca más».

La tercera herramienta consiste en crear un espacio en tu mente para incitar a que lo ocupe la curiosidad infantil de la que hablamos en la sección dedicada a los cinco pilares. Para poder ampliar ese espacio, me gustaría que te centraras en localizar el vacío que hay entre tus pensamientos. Esto puede requerir cierta práctica, así que persevera. Necesitas el espacio para poder reflexionar sobre cuestiones como éstas: ¿Cuáles son tus motivaciones? ¿Dónde está tu centro de atención y dónde deseas que esté? La pregunta que te permite saber inmediatamente dónde está tu centro de atención es la siguiente: ¿En qué gastas el dinero? La mayoría de la gente no es consciente de que gastamos el dinero en aquello que ocupa nuestra atención. En palabras de Tony Robbins: «Donde centramos la atención, fluye la energía». ¿Estás invirtiendo tus recursos en cosas que te ayuden a crecer y a ser mejor persona? ¿O estás desviando tus fondos en comportamientos que sólo sirven para sabotearte a ti mismo y que se alimentan de tus inseguridades? Habitualmente, los aspectos a los que no prestamos atención son aquellos que deseamos postergar. Escribe las respuestas a estas preguntas en tu diario e intenta no tomártelo demasiado en serio. No es momento de hacer juicios de valor. Sé curioso y juguetón. Escribe lo que te vaya viniendo a la cabeza.

La cuarta herramienta consiste en vernos a nosotros mismos como dioses o diosas de altos vuelos. Métete en la piel de tu personaje favorito en una película producida por *tu conciencia plena* titulada *Viviendo la vida que merezco*. ¿Cómo actúa el personaje? ¿Cómo va vestido? ¿Qué está haciendo hoy? ¿Cómo es su rutina? Métete completamente en el papel, percíbelo a través de todos los sentidos; encarna al personaje. Yo hago este ejercicio a menudo porque disfruto mucho viendo los resultados que aporta a mi vida. Me dejo llevar por el momento y me siento totalmente despierta y viva. En mi visualización soy capaz incluso de oír los ruidos a mi alrededor. Es una experiencia única.

Muchos atletas recurren a esta técnica de visualización antes de competir. Preparan mentalmente la carrera usando todos los sentidos para que su mente lo archive como un recuerdo. De ese modo, cuando viven la experiencia en la realidad, su cerebro está convencido de que ya han ganado la medalla de oro millones de veces. No tienen ninguna duda de su capacidad para rendir al máximo de su potencial. Puedes aplicar esta técnica con cualquier cosa que desees manifestar. Ten claro lo que quieres conseguir y vive la experiencia primero en tu mente utilizando los cuatro pasos básicos que hemos visto: desconectar, soltar ataduras, ser curioso y encarnar la experiencia. Para poder interiorizar el comportamiento primero debes estar alineado con él.

Si aplicas cualquiera de estas herramientas –o mejor aún, si las aplica todas–, pronto empezarás a experimentar los cambios al aprovechar las ilimitadas posibilidades que te ofrece la conciencia plena, también conocida como el abundante suministro de energía transformadora.

En *La ciencia de hacerse rico*, Wallace D Wattles describe esta energía de la forma más increíble. En primer lugar, nos recuerda que la energía está en todas partes. Existe una sustancia que no podemos ver, y su función principal es la de transferir de forma inmediata su energía a los pensamientos, usando a éstos como nosotros usamos el transporte público, subiéndose a cualquier tren al que tu mente se dirija. Así que, en cuanto piensas algo, el pensamiento queda grabado automáticamente en este campo de energía invisible que te rodea.

> *«La ciencia cuántica sugiere la existencia de muchos futuros posibles para cada momento de nuestras vidas. Cada uno de esos futuros permanece en estado de reposo hasta que las decisiones tomadas en el presente los activan».*
> *—Gregg Bradden*

Ten muy presente la proposición de Gregg a la hora de elegir los pensamientos que permites entrar en tu mente. Esta idea no es nueva, por cierto. Ha formado parte de la sabiduría ancestral desde hace miles de años. Lo que pretendo con este libro es ayudarte a que transformes tu vida combinando estos antiguos secretos que nos han transmitido nuestros antepasados con una pizca de ciencia moderna.

Decide con qué emociones ya no te sientes identificado. Ahora estás en la piel de tu futuro yo. Si deseas experimentar la abundancia y la riqueza, rechaza los pensamientos de escasez y carencia. Si quieres estar sano, no puedes permitir que entre en tu mente ningún pensamiento negativo. Puedes reconocer los pensamientos temerosos, pero no aceptarlos como si fueran la verdad. La remodelación de esta nueva versión de ti mismo debe producirse desde el interior. De modo que tómate el tiempo que necesites para poner en práctica estos ejercicios. Tienen el potencial de transformar tu vida para siempre.

Capítulo 9

Autoestima + amor propio = Magia

La mayoría de nosotros ha crecido en el seno de una sociedad en la que se espera que cumplamos ciertos estándares físicos, mentales, emocionales y económicos. Las redes sociales, algo que se ha convertido en una parte habitual de la vida de muchas personas, son las encargadas de enseñarnos, erróneamente, que deberíamos ser perfectos y vivir una vida de escaparate. Por desgracia, esto ha empujado a mucha gente a un estado constante de frustración y autodesprecio por no ser capaces de cumplir con unos estándares ideológicos excesivamente pervertidos, cuando, en realidad, deberíamos centrarnos en la belleza única que cada uno de nosotros llevamos dentro. Qué horrible sería el mundo si todos tuviéramos el mismo aspecto, la misma vida e hiciéramos las mismas cosas, como si estuviéramos viviendo en un día de la marmota de diseño. Debo admitir que no siempre me he mostrado tan transparente en las redes sociales como lo soy ahora. En otro tiempo yo también solía difundir un estilo de vida perfecto, maravilloso y feliz. ¡Y te lo habrías tragado! Habrías pensado que tenía una familia feliz y una pareja maravillosa, cuando, en realidad, tenía la sensación de que me estaba ahogando en silencio y que nadie se daba cuenta. Las cosas no siempre son lo que parecen, y cualquier estándar que se extraiga a partir de las fotos en las redes sociales es completamente falso. El filósofo Ralph Waldo Emerson lo resumió de maravilla cuando dijo: «El mayor logro que existe es ser tú mismo en un mundo que constantemente trata de convertirte en otra cosa».

Cuando dejas de intentar encajar, desbloqueas la energía que te permite conectar con todas tus capacidades, que son sólo tuyas, a través de las dos fuerzas más poderosas que existen: el amor propio y la autoconfianza. Para querernos a nosotros mismos debemos aceptar todo aquello que nos convierte en la persona que somos, todas las peculiaridades y pequeños detalles que componen el tejido de nuestro ser. Es decir, anteponer tu bienestar a todo lo demás y tener el valor de decir que no cuando algo no termina de encajar. Perdonar todos los errores y aceptar que todo el mundo los comete. Dar gracias por todo lo que eres y por todo lo que te ha traído hasta aquí. Apreciarte a ti mismo de este modo favorece extraordinariamente el crecimiento físico, psicológico y espiritual. Fomenta la empatía, la autenticidad, las relaciones sanas, la confianza y la capacidad de superación. Es muy importante identificar los círculos viciosos de autodesprecio, de diálogo interno negativo, de malos hábitos o desinterés por uno mismo y acabar con ellos antes de que ellos acaben contigo. Cuida la relación que tienes contigo mismo. Al fin y al cabo, la única persona con la que estarás toda la vida eres tú mismo.

Tus creencias y pensamientos más profundos se convierten en tu realidad exterior y la vida que experimentas.

Las palabras tienen el poder de definir nuestras relaciones, rendimiento y bienestar. Como advierte Brendan McCaughey: «No ignores el poder de las palabras. Ese poder jugará un papel importante durante toda tu vida. Nuestra capacidad para encontrar el amor y la alegría dependen enteramente de la frecuencia con la que busquemos, expresemos, recibamos y comprendamos esas palabras. El lenguaje controla las emociones que sentimos, los acontecimientos que vivimos y la capacidad de interactuar con otros seres humanos. Si deseamos tener más control y poder en nuestras vidas, empecemos por comprender mejor el potencial de lo que nos decimos a nosotros mismos y a los demás».[1] Tu diálogo interior puede ser la mejor ayuda o tu peor enemigo.

Me gusta plantearlo de este modo: imagina que sostienes en los brazos al bebé más hermoso del mundo. Puedes imaginar a tu propio hijo (yo siempre lo hago). Este bebé está lleno de luz y amor, y su única

---

1. McCaughey, Brendan: «The Power of Words». *Medium* (26 de diciembre de 2018), multitude27.medium.com/the-power-of-words-61c524ddf1b5

preocupación es ser feliz y devolverte todo el amor que le das. Te mira con inocencia, autenticidad y vulnerabilidad emocional. Ahora imagina que le dices cosas terribles, agresivas, odiosas y despectivas. ¿Podrías hacerlo? ¿Lo harías? Lo más probable es que respondas negativamente a estas preguntas. Entonces, ¿por qué crees ser menos importante que el bebé que sostienes entre los brazos? Tú también mereces ser tratado con amor, respeto, paciencia y aprobación. Sé consciente de cómo te hablas a ti mismo. Fíjate en el tono de tu diálogo interior. Y cada vez que te hables a ti mismo de forma irrespetuosa, recuerda al bebé. Si a él no le dirías esas cosas, no te las digas tampoco a ti mismo.

Me gusta incorporar afirmaciones positivas todos los días para fomentar el amor propio y la confianza en mí misma. Las afirmaciones positivas son mi arma secreta y una de mis herramientas favoritas para alinear mi mentalidad con mis objetivos y sueños. Una afirmación positiva es una declaración simple pero poderosa que ayuda a fortalecer la conexión entre la mente subconsciente y la consciente. Cuanto más reforcemos esta conexión, más resistentes seremos cuando tengamos que enfrentarnos a circunstancias difíciles. Cuando te *afirmas* algo a ti mismo, ya sea positivo o negativo, tu mente lo cree y lo acepta, pasando a convertirse en tu verdad personal. En palabras de Henry Ford: «Siempre tienes razón, tanto si crees que puedes hacerlo como si no».

Todas las mañanas me miro al espejo y me digo a mí misma: «Soy la poderosa creadora de mi vida, estoy llena de confianza, satisfecha, sana, me siento rica, abundante, libre, segura, amada y bendecida». A veces me limito a recitarlo mentalmente mientras me ducho o hago las tareas domésticas. Se trata de un punto de inflexión si lo que deseas es transformar la forma en que te ves y te tratas a ti mismo y, por tanto, a todo tu entorno.

El amor propio y la autoconfianza son lo que te permite perseguir tus sueños a pesar de la opinión que los demás tengan de ti. Definen tu realidad. No olvides que todo lo que manifiestas en tu vida es un reflejo de la autoestima. Mereces ser feliz, tener todas las cosas que quieres, ser amado y disfrutar de la abundancia. Convéncete de una vez; eres digno de todas esas cosas. Nadie te va a dar la confianza que necesitas para crear tu propia realidad. Cree, desde el fondo de tu corazón, que puedes lograr cualquier cosa que te propongas. Eres capaz de hacer cualquier cosa, así que empieza a actuar en consecuencia. Trátate a ti mismo como te gustaría que te trataran los demás.

Nadie puede arrebatarte la capacidad de quererte y de darte la fuerza y la confianza necesarias para perseguir tus sueños. Crearás magia en tu vida. La paz interior también nos permite aportar más valor a los demás. Nuestros pensamientos, palabras y acciones son el resultado directo de nuestro diálogo interior. Si cultivas dentro de ti el amor, la gratitud y el reconocimiento, transmitirás eso mismo a los demás. Promoverás relaciones sanas, atraerás a una comunidad más numerosa a tu negocio y crearás abundancia allá donde vayas.

Yo comencé mi carrera principalmente a través de Instagram. Reconocí desde el principio el poder que representaba compartir mis dones con los demás y confié en que el futuro me depararía mejores y mayores oportunidades, de modo que decidí comprar una cuenta de Instagram. Sabía que era la forma más rápida de entrar en el radar de otros líderes mundiales y llegar directamente a la cima. Se la compré a alguien que tenía una audiencia muy parecida a la mía, así que añadir mi contenido a su página fue una tarea relativamente sencilla. Cuando compré la cuenta, tenía unos cien mil seguidores, algo bastante modesto según los estándares de las redes sociales, pero lo suficiente para hacerme sentir confiada en mis posibilidades y en el valor de lo que estaba ofreciendo. El valor de lo que ofrecía fue lo que hizo aumentar mi audiencia de cien mil a diez millones de seguidores. Fueron esas cifras iniciales, además del valioso contenido que ofrecía, lo que me ayudó a conseguir la atención y lo que actuó como catapulta para mi carrera.

¿Recuerdas cuando hemos hablado de llamar a puertas digitales? Cuando estaba empezando, solía enviar mensajes directos a unas 50 personas al día, es decir, 18 250 personas al año. Desde el principio sabía que deseaba compartir escenario con las personalidades más importantes que existen: Tony Robbins, Jesse Itzler, Daymond John, Gary Vee, Dan Fleyshman y Andy Frisella, por nombrar sólo algunos. Quería participar en esa frecuencia, compartir conocimientos, aprender de ellos, conectar con ellos a un nivel profundo de la conciencia. Sabía que, si quería ganarme su respeto, debía demostrar una confianza inquebrantable en mí misma y creer firmemente en el valor de lo que podía ofrecer a los demás. Tenía que reconocer mi valía. De modo que, al llamar a su puerta con mis míseros 100 000 seguidores, les decía: «Ésta es quien soy yo y esto es lo que puedo hacer por ti». Dejaba un mensaje de voz personalizado para cada una de estas personas sobresalientes donde les explicaba por qué quería conectar con ellos y cómo podía beneficiarles mi trabajo. Sólo necesitaba un «sí» para arrancar.

David Meltzer fue el primero en responder. Aceptó participar en mi programa, que en aquel momento no era más que una videollamada que compartía en línea. No obstante, gracias a la oportunidad que me dio David, fui capaz de atraer la atención de los otros. Sabía que aquel tipo de contenido me daría más visibilidad y ellos obtendrían más valor para su audiencia. Si no hubiera sido por la confianza que tenía en el valor de lo que estaba ofreciendo, nada de todo esto habría sido posible.

El siguiente que aceptó mi propuesta fue Jim Kwik, el *coach* emocional más importante del mundo. Si David me brindó la primera oportunidad, Jim me permitió echar a volar. Había cogido velocidad de crucero. El resto es historia.

Desde entonces, he tenido el honor de trabajar con gente a la que admiro enormemente y a quienes debo buena parte de mi éxito, personas como Lisa Nichols, John Assaraf, el Dr. Demartini y muchos otros. El valor de lo que yo ofrecía, combinado con la sabiduría de todas estas personas, dio lugar a mi podcast, que en la actualidad está considerado uno de los diez mejores del mundo, junto al de Joe Rogan, Tim Ferriss, Jay Shetty, entre otros. Me siento honrada de poder compartir podio con personalidades de su altura. Y todo esto ha sido posible porque un día reconocí mi valía, me di cuenta de que podía compartir mis dones con el mundo y decidí pasar a la acción utilizando como plataforma las redes sociales.

Descubre tu valía, cree en tu poder y quiérete como te mereces. Verás cómo tu vida empieza a transformarse y consigues objetivos que ni siquiera podías soñar. Cuando estás lleno de amor y abundancia, te mueves en esa vibración e irradias una energía luminosa embriagadora. Céntrate en colmarte de valía, amor y luz; de ese modo podrás compartir y difundir esa valía al resto del mundo.

Capítulo 10

Las tres leyes más importantes para manifestar

La ley de la unidad y la potencialidad

Según la ley de la unidad y la potencialidad, *bajo la infinita diversidad de la vida se encuentra la unidad del espíritu omnipresente. No hay separación posible*. Una vez entiendas que todo es energía, sea visible o no, te darás cuenta de que todo está interconectado y que puedes ejercer una gran influencia en el mundo que te rodea. La esfera superior universal es donde se materializan todos los aspectos de la conciencia. Cuando tu poder creativo esté alineado con el poder creativo universal, podrás dar forma a una realidad que ni siquiera puedes imaginar.

El aislamiento no es más que un producto de nuestra imaginación. En realidad, estamos conectados con todas las personas y todas las cosas que hay en el universo porque todo está hecho a partir de la misma materia esencial: el polvo de estrellas. Teniendo esto en cuenta, podemos llevar mucho más allá la siguiente regla de oro: «No hagas a los demás lo que no quieres que te hagan a ti». Cada vez que hablas de alguien a sus espaldas, que juzgas a una persona o que causas mal rollo a alguien o algo de alguna manera, el daño provocado regresa para ensombrecer tu entorno.

Es importante recordar que todos participamos de la ilimitada creatividad y capacidad creativa del Universo, porque *tú eres* el Universo, *tú eres* esa energía y el campo ilimitado de posibilidades ya forma parte de ti.

La ley del desapego

Según la ley del desapego, si deseamos hacer realidad aquello que deseamos, debemos renunciar al interés por el resultado final. El apego equivale al miedo: tememos ser incapaces de alcanzar el resultado deseado. Los pensamientos incesantes sobre el momento y el modo de alcanzarlo disuaden a tu mente de pasar a la acción, levantando un muro de inseguridades en torno a tu propio poder creativo.

El apego también puede manifestarse como el intento por controlar algo o a alguien para sentirnos más seguros. Irónicamente, el resultado suele ser el contrario a la seguridad: depresión, estrés y comportamientos obsesivos compulsivos. En cambio, cuando logras liberar tu mente de la necesidad de controlar el resultado final, desencadenas una incuestionable confianza en ti mismo. Se trata de un superpoder que le proporciona a tu mente el conocimiento infinito de tus poderes creativos, un conocimiento que te permitirá cumplir ese objetivo y muchos otros en el futuro.

El desapego es el símbolo de la abundancia. El autor estadounidense William Powers lo expresa maravillosamente: «Si te dejas ir, tu vida fluirá. Todo aquello que esté destinado a seguirte, te seguirá».[1]

La ley de la reciprocidad

La ley de la reciprocidad es una ley fundamental de la psicología social. Según ésta, *todo lo que des a los demás, lo recibirás de vuelta*. Se trata de una norma sencilla pero poderosa que se entreteje en el tapiz de la humanidad. El funcionamiento del Universo es un continuo intercambio, un mar de interacciones armoniosas que se producen entre todas las cosas. Damos y recibimos. Pero, si lo que deseamos es atraer la abundancia, lo primero que debemos hacer es dar.

---

1. Powers, WIlliam: «Law of Detachment». William Powers Books (10 de septiembre de 2015), williampowersbooks.com/blog/law-of-detachment.html

Cuando das con la sincera intención de servir al mundo, la gente se siente en deuda contigo porque se da cuenta de que no esperas nada a cambio de las cosas maravillosas que han recibido. Ellos también querrán mostrarse generosos contigo, normalmente devolviéndote el favor con algo mayor, de modo que tus acciones siempre serán recompensadas cuando nacen desde la voluntad de servicio.

Me gusta recordarme esto constantemente: «Si no das a los demás, es como si ya estuvieras muerto». Ponte al servicio del mundo que te rodea. Prende la mecha de otra persona todos los días e inicia una poderosa oleada de acciones y gestos positivos. Hazme caso, serás recompensado.

Capítulo 11

Transforma la energía negativa en positiva

Todos tenemos días complicados en los que nos enfrentamos a situaciones difíciles que amenazan con echar por tierra cualquier atisbo de positividad con el que nos hayamos levantado. Es primordial saber cómo gestionar estas situaciones transformando las energías negativas en positivas. Como he dicho en innumerables ocasiones, tengo experiencia de primera mano reconociendo las bendiciones y enseñanzas ocultas tras el velo de la adversidad. Así que, cuando te pase algo negativo, antes de sucumbir a una mentalidad victimista, plantéate qué puedes aprender de la experiencia. Aunque al principio te costará ver, como una solitaria farola en mitad de la espesa niebla, debes tener algo muy claro: el Universo nunca te enviará algo que no puedas manejar.

Para transformar lo negativo en positivo, no debes ignorar las adversidades a las que te enfrentas, sino aceptar lo que sea que convierte el dolor en sanación. Encauzar la energía que te queda, por muy escasa que ésta sea, hacia el terreno de la fe y la posibilidad en lugar del miedo. Comprender que, en última instancia, las cosas *suceden para ti*, no *te suceden a ti*. Aunque no sea fácil de ver en el momento, siempre hay una semilla escondida entre las grietas del muro de la adversidad que nos ayuda a crecer. Aunque a veces tengas la sensación de que esos muros están a punto de sepultarte, si te atreves a buscar las grietas, tarde o temprano verás la luz que se filtra desde el otro lado.

La adversidad nos proporciona herramientas que nos permiten gestionar situaciones difíciles en el futuro, nos ayudan a conocernos mejor y nos preparan para lo que está por venir. Si todo el monte fuera siempre orégano, nunca nos sentiríamos satisfechos de nuestros logros, ya que no tiene sentido esforzarse cuando no hay nada que superar. Daríamos todo por sentado. La adversidad es una parte necesaria de la vida, y nuestro modo de percibirla hace que se convierta en un terremoto o en un volcán. No esperes debajo de la mesa a que todo tu mundo se derrumbe. Conviértete en un volcán y enciende la lava que llevas dentro.

Recuerdo un experimento en el que varios científicos cultivaban árboles en el interior para que no se vieran afectados por ningún factor externo, como el viento, la lluvia o el aire fresco. El resultado del experimento fue sorprendente: los árboles sólo crecieron una fracción de su tamaño habitual. El viento era el responsable de su crecimiento, pues hacía crecer la corteza y que las raíces se hundieran profundamente en la tierra para crear una sólida base.

Los árboles necesitan viento, y los humanos, dificultades. Las adversidades a las que nos enfrentamos en la vida nos ayudan a crecer y a crear la resistencia necesaria para desarrollarnos. Sin esos percances, nos quedaríamos estancados. Agradece los momentos difíciles y las dificultades que te depara el futuro. Ten paciencia y sé consciente de que siempre tienen un propósito superior.

Siempre que estés inmerso en una situación negativa, trata de escribir una nueva afirmación positiva acerca de ti mismo y del momento por el que estás pasando. Cuélgala en algún lugar visible de la casa y léela varias veces al día. Como he mencionado antes, absorber afirmaciones positivas, aunque sea de pasada, nos ayuda a integrar las creencias en el subconsciente y hace que nuestras vibraciones aumenten de frecuencia. Éste es un ejemplo de lo que podrías escribir: «Esta situación no me define. Sé que el Universo me protegerá y que esto sirve a un propósito superior. Dispongo de la fuerza interior necesaria para superarlo. Convertiré este desastre en mi mensaje. Me siento seguro y decido dejarme llevar y tener confianza». Escríbelo en un papelito y pégalo en un lugar visible de tu casa. No es necesario que lo memorices ni que lo leas en voz alta. Cuanto más lo veas, aunque sea de pasada, más se incrustará en tu subconsciente.

Otra cosa muy útil que puedes hacer es mover el cuerpo, sacudirlo. Inténtalo ahora mismo: ponte de pie y sacude tu cuerpo, agita los brazos, golpea los pies en el suelo, baila. Nadie te está mirando. Sácate de encima toda la energía negativa, todo el miedo y la frustración. Salta. Haz lo que te apetezca. Mover el cuerpo es la forma más rápida de despejar la cabeza y aclarar la mente. Cuando hacemos ejercicio físico, transformamos todo el cortisol del cuerpo, la principal hormona del estrés, en endorfinas que nos hacen sentir bien, otro neurotransmisor que aumenta la sensación de placer y bienestar y reduce la sensación de dolor y malestar. Reconstruye el *chi*, tu fuerza vital interior, y permite que la energía fluya como una ola a través de tu cuerpo.

Cuando termines cualquier tipo de actividad física, túmbate con las manos extendidas a ambos lados del cuerpo y con las palmas hacia arriba y concéntrate en las palmas de las manos. Inhala llenándote de coraje y exhala soltando todo el miedo con un audible suspiro de alivio. ¿Lo notas? El cosquilleo en las palmas de las manos, los pies, los brazos y el corazón es tu fuerza vital. Tu *chi*. En cuanto notes la energía en las palmas de las manos, coloca una mano sobre el abdomen y otra sobre el corazón. Transmite la energía a todo tu cuerpo; siente cómo el *chi* calienta y renueva todas tus células. Para terminar, susurra: «Todo está bajo control», porque realmente lo está.

Capítulo 12

El fracaso transformador

La sola mención del fracaso nos produce un nudo en el estómago y nos recuerda la humillación que sentimos la última vez que no conseguimos llegar a la meta. Y, sin embargo, el fracaso es fundamental para seguir creciendo y aprendiendo.

Mucha gente ve el fracaso como el final del camino, pero ¿y si le diéramos la vuelta a eso y, en su lugar, lo viéramos como el principio de algo? ¿Y si el fracaso fuera una forma de *feedback*? No significa que no seas lo bastante bueno, inteligente o fuerte; de hecho, no tiene nada que ver con ninguno de tus dones y habilidades. Si has fracasado, significa que lo has intentado, y eso ya es un éxito en sí mismo. Cada vez que caes, te levantas siendo un poco más fuerte. Empieza a considerar cada revés como una preparación para tu próxima victoria. El fracaso es sólo la forma que tiene el Universo de darte otra oportunidad para que lo vuelvas a intentar de otra forma, con una técnica diferente, y para que te veas a ti mismo y/o tu negocio desde otra perspectiva, más innovadora y emocionante que la anterior.

Todo depende de tu mentalidad y de cómo percibas la situación. El problema nunca es el problema mismo. El problema es tu forma de ver el problema. Vuelve a leer esto.

Cuando algo se viene abajo, es normal sentirse avergonzado, angustiado, preocupado o inútil. Sin embargo, está en nuestras manos transformar rápidamente esas bajas vibraciones y enfrentarnos a la situación sabedores de que el fracaso siempre trae nuevas oportunidades y, a largo plazo, incluso mejores resultados. Acostúmbrate al fracaso; por cada «sí» que consigas, antes te habrán dicho noventa y nueve veces que «no».

El problema es que, habitualmente, la gente no suele hablar de sus fracasos en sus historias de éxito.

Según Christopher Myers, profesor de la Universidad de Michigan: «El reconocimiento del fracaso como una oportunidad de aprendizaje alienta a la gente a adoptar una actitud más resistente y progresiva ante los inevitables fracasos que se dan en la vida (en lugar de ocultarlos, evitarlos o ignorarlos), lo que les ayuda a mostrarse más receptivos para el aprendizaje y la mejora personal».[1] De hecho, en un experimento realizado por Myers, Francesca Gino, de la Universidad de Harvard, y Bradley Staats, de la Universidad de Carolina del Norte, se descubrió lo siguiente: «Cuando los individuos aceptan e interiorizan el fracaso, aprenden y mejoran su rendimiento significativamente más que aquellos que lo externalizan o culpan de su fracaso a fuerzas externas».[2] El fracaso es un peldaño más en tu camino hacia la mejor versión de ti mismo.

Las meteduras de pata también son la semilla de grandes historias. ¿Cuándo has oído una historia de éxito que no mencione al menos un momento de fracaso? Todos hemos pasado por eso, yo incluida. Cada vez que echo la vista atrás y recuerdo mis fracasos, me doy cuenta de todo lo que aprendí gracias a ellos y me siento muy agradecida. Aunque los éxitos son importantes, a lo largo de mi vida he aprendido mucho más de las veces que las cosas *no* salieron como esperaba. De no ser por todos los rechazos o intentos fallidos, no estaría donde estoy ahora. Esto es algo que he dicho en numerosas entrevistas: «No me veáis ni me juzguéis por quien soy ahora, sino por todas las veces que he caído y me he vuelto a levantar, porque eso es lo realmente importante».

El rechazo puede derribarte y abatirte temporalmente, pero también puede elevarte, motivarte y darte fuerzas para seguir adelante. Cuando te quedas en el suelo, lloriqueando y gimiendo como una víctima, desarrollas una visión negativa del mundo. Y lo más curioso

---

1. MYERS, CHRISTOPHER: «What's Positive about Failure?». Michigan Ross Center for Positive Organizations, Universidad de Michigan (28 de marzo de 2014), positiveorgs.bus.umich.edu/news/whats-positive-about-failure/
2. Ídem.

de todo es que el resto del mundo sigue adelante con su vida. Las oportunidades pasarán literalmente de largo, y tú seguirás ahí, obsesionado por algo que podría haberte impulsado si hubieras tenido el valor de levantarte.

¿Cuántas veces crees que cayeron al suelo las personas que ahora están en la cima de su profesión? ¿Cuántas veces fracasaron intentando algo? ¿Y cuántas veces volvieron a levantarse? Así es como debe juzgarse a la gente. Ésa es la medida del éxito. De modo que, pregúntate a ti mismo cuántas veces te has levantado en la vida.

Sé que a veces lo único que quieres es darte por vencido y quedarte tendido en la lona. Pero debes saber que, cuando te invade esa sensación, sólo significa que el éxito está a la vuelta de la esquina, que lo tienes al alcance de la mano. La mayoría de las veces ni siquiera sabes lo cerca que estás. Es como un niño que está aprendiendo a caminar. Cuando por fin consigue ponerse de pie y trata de dar un paso, vuelve a caer. Sin embargo, ¿deja que eso lo detenga? ¿Piensa que caminar no va con él? Todo lo contrario. Encuentra la fuerza en sus piernecitas para volver a levantarse y lo intenta de nuevo. Puede que llore y lo intente miles de veces, pero vuelve a ponerse en pie y a caer hasta que finalmente lo consigue. Sé como un niño pequeño. No pasa nada por llorar, pero que eso no te impida seguir levantándote. Aprende a transformar el fracaso y regálate la confianza, la fuerza y el poder para seguir adelante pase lo que pase.

Para desarrollar esta habilidad (sí, superar el fracaso es una habilidad que puede aprenderse como cualquier otra), asegúrate de salir todos los días de tu zona de confort. Explora nuevas posibilidades. Prueba algo en lo que tengas miedo de fracasar. Exponte a ese tipo de situaciones repetidamente. Al igual que los músculos tienen que desgarrarse ligeramente para poder fortalecerse, ser el peor en una nueva actividad te convertirá en alguien más flexible y valiente. En palabras de Tony Robbins: «La capacidad de salir de tu zona de confort de forma regular y positiva permite establecer el equilibrio adecuado entre la certidumbre y la incertidumbre. Superar tus límites puede convertirte en alguien más productivo, flexible y creativo. Al ampliar tus límites personales, entrenas a tu cerebro para que se adapte a nuevas situaciones y cree nuevas conexiones neuronales, lo que te permitirá solucionar mejor los problemas, tomar mejores decisiones y ser un mejor líder. Te haces realmente imparable».[3] Empieza a asumir que quedarte en tu zona de confort no te llevará a ninguna parte.

Otra práctica que me gusta incorporar es reconocer abiertamente mis fracasos ante los demás. Como hago aquí, compartiéndolos contigo. Al hacerlo, paso de sentirme avergonzada a sentirme orgullosa por la valentía de haberlo intentado. Te recomiendo que hables abiertamente de tus fracasos ante tu familia y amigos. Pregúntales en qué han fracasado recientemente. Enseguida te darás cuenta de que todo el mundo fracasa de una forma u otra, cada uno a su manera. Nunca te avergüences de tus fracasos; eres como eres gracias a ellos.

Benjamin Franklin dijo en una ocasión: «Si fallas al prepararte, te estás preparando para fallar». He descubierto que esto es así en todos los ámbitos de mi vida. Aunque el fracaso es una maravillosa oportunidad para crecer, planificar con antelación es el mejor modo de evitar fracasos innecesarios. Puestos a fracasar, que al menos sea un gran fracaso, no un fallo tonto producto de la improvisación o la falta de puntualidad. Eso tiene más que ver con la pereza. Entonces, ¿cuál es tu plan? ¿Cuál es el gran objetivo que tienes en mente? ¿Qué pasos vas a dar todos los días para hacerlo realidad?

Analizar el motivo de tus fracasos sin caer en los juicios de valor te ayudará a orientar tu próxima acción alineada hacia el éxito. Cualquier problema que surja en el camino no es más que una invitación a fragmentar el objetivo en una serie de tareas más asumibles. Entusiásmate con las adversidades; te ayudarán a descubrir lo que no funciona y a alinearte mejor, tanto a ti como a tu empresa, para alcanzar un éxito aún mayor.

Contextualicemos esto desde un punto de vista práctico. Cuando te enfrentes a un problema, reconoce los sentimientos asociados que provoca, acéptalos plenamente y, acto seguido, céntrate en encontrar una solución. Sé curioso, descubre cómo encaja la nueva situación en el plan general que habías trazado e inicia el proceso de trocear tu objetivo final en partes más pequeñas y manejables. No caigas en

---

3. TEAM TONY: «6 TIPS TO LEAVE YOUR COMFORT ZONE». Tony Robbins, www.tonyrobbins.com/productivity-performance/leave-comfort-zone/

la trampa de la vergüenza, no te sientas culpable por «haberlo hecho mal» o «no ser lo suficientemente bueno». No, cielo. Vive con intensidad el momento y permite que siente las bases que marcarán el resto del viaje.

Otra estrategia útil para evitar fracasos innecesarios es una buena gestión del tiempo. Aprende a gestionar tu tiempo con eficacia. Crea un equilibrio entre el trabajo, las relaciones y el desarrollo personal. Una buena gestión del tiempo favorece la productividad y te ayuda a trabajar de una forma más inteligente porque todas tus tareas están organizadas y tienes la cabeza más despejada. Para gestionar tu tiempo de forma más eficaz, te recomiendo que confecciones listas de tareas diarias o semanales con sus correspondientes horarios. Y que, por supuesto, te comprometas a cumplirlos.

Uno de los métodos que más me gustan es la tabla de acciones. Dibuja una tabla con cuatro columnas. En la columna más a la izquierda escribe las tareas prioritarias; en la siguiente columna, tus objetivos; en la tercera, los pasos para alcanzarlos y, en la de más a la derecha, el tiempo.

En la primera columna, escribe todas las tareas que tienes que hacer ese día, por orden de prioridad. Cuando lo hayas hecho, siéntate y observa la lista. En la siguiente columna, anota tus objetivos. ¿En qué cosas estás trabajando? Pueden ser cosas como escribir un nuevo libro, obtener nuevas fuentes de ingresos pasivos, fortalecer el cuerpo o potenciar tus relaciones. Sé lo más específico que puedas. Ahora, evalúa las dos primeras columnas. ¿Qué acciones de la primera columna están realmente alineadas con tus objetivos? A veces nos entretenemos con las tareas urgentes y dejamos de lado las importantes. Aprende a distinguirlas.

Pasa ahora a la tercera columna. Reelabora la lista de tareas priorizando aquellas que te permitirán avanzar hacia la manifestación de tus objetivos. ¿En qué consisten esas tareas? ¿Llamar a todas las puertas digitales que puedas? ¿Sentarte por fin a escribir el primer capítulo de un libro? Sea lo que sea, escríbelo. Éstos son los pasos alineados con la acción de los que hemos hablado anteriormente.

Por último, en la cuarta columna, anota el tiempo que necesitarás para cada una de las actividades que te propones para ese día. ¿Cuánto tiempo necesitas para lograr los resultados que deseas obtener en cada tarea? ¿Cada sesión se ajusta a los plazos y a tu plan general? Empieza cada semana trabajando en esta tabla. Prioriza las tareas en función de los objetivos que quieres alcanzar y gestiona tu tiempo de manera acorde.

Reconoce tanto tus éxitos como tus fracasos. Ambos son una parte importante de la fórmula para el viaje sin fin hacia la abundancia, la riqueza y la vida de tus sueños. Ten la voluntad de fracasar y ten la voluntad de aprender. Enfréntate al fracaso con paciencia y amor, y no olvides que si alguien no ha fracasado nunca es porque ni siquiera lo ha intentado.

Capítulo 13

Errores que cometemos al manifestar

Hasta ahora hemos visto distintos métodos, además de un proceso pormenorizado, para conseguir hacer realidad nuestros deseos. A estas alturas, ya estarás familiarizado con algunos procesos básicos para fomentar la mentalidad adecuada, tener una visión clara de lo que quieres, desvincularte del resultado final, llevar a cabo acciones alineadas, ser constante, dar pasos diarios hacia tu objetivo y transformar lo negativo en positivo.

Sin embargo, aún no hemos hablado de lo que no hay que hacer cuando pretendemos manifestar.

A partir de mi experiencia con cientos de clientes, éstas son las cinco cosas que debes evitar cuando trates de convertir en realidad tus sueños.

1. Te saboteas a ti mismo y tienes traumas enquistados que te impiden hacer realidad lo que quieres

Éste es el error más común que suele cometer la gente. Pese a dedicar una ingente cantidad de tiempo a trabajar en la materialización de sus deseos, evitan en todo momento el trabajo de introspección para crear el espacio necesario donde darles cabida. Es como intentar llenar un cubo de agua sucia con agua limpia. Puede funcionar, pero es un proceso lento y arduo, bastante complicado y nunca te deshaces del todo del agua sucia. Lo más peligroso del proceso es que no podemos saber lo que desconocemos. Los traumas sin curar pueden permanecer ocultos durante años. Incluso cuando el suceso traumático no es demasiado grave, aceptar que un acontecimiento de tu pasado te está afectando y que necesitas sanarte es la única manera de filtrar toda el agua sucia del cubo.

Gracias a los avances tecnológicos actuales, podemos medir el trauma infantil a través de las ondas cerebrales. Las ondas cerebrales, que no son más que vías eléctricas de comunicación entre neuronas, producen distintas frecuencias y vibraciones. Dependiendo del ancho de banda de la onda cerebral, varía la función de ésta. Según *Brainworks*, de la London Clinic, la mejor forma de entender las ondas cerebrales es como «un espectro continuo de la conciencia, el cual puede ser desde lento, ruidoso y funcional hasta rápido, sutil y complejo». Según este estudio, «las ondas cerebrales cambian en función de lo que hacemos y sentimos. Cuando dominan las ondas cerebrales más lentas y anchas, nos sentimos cansados, lentos, perezosos o distraídos. Las frecuencias más altas y rápidas son más dominantes cuando nos sentimos excitados o excesivamente alerta».[1]

Las cinco categorías más comunes de ondas cerebrales son: ondas delta, theta, alfa, beta y gamma. Cada tipo de onda cerebral promueve diferentes estados del ser, como el sueño, la meditación profunda, la sanación, la intuición, el aprendizaje o la concentración. Si sabes acceder a estos estados y aprendes las diferencias entre las distintas ondas cerebrales y sus funciones, serás capaz de transformar conscientemente tu realidad.

Las ondas delta, una de las más lentas y ruidosas que produce el cerebro, están asociadas a la meditación y el sueño profundo. Están conectadas con las cualidades de la empatía, la sanación, la regeneración y el rejuvenecimiento. Por eso es tan importante tener buenos hábitos de sueño y dormir profundamente al menos ocho horas todos los días.

Las ondas theta se producen en momentos similares a las ondas delta, pero excluyen cualquier información externa, lo que favorece una mayor sensación de profundidad y una perspectiva más panorámica de nuestro mundo interior. Mediante estados de meditación profunda

---

1. *Brainworks:* «what are brainwaves?», brainworksneurotherapy.com/what-are-brainwaves

y sueño, las ondas delta promueven el aprendizaje, los procesos relacionados con la memoria, la intuición y la previsión, la creatividad, los sueños y la relajación profunda. En el estado theta, accedemos a la mente subconsciente, a nuestros miedos, traumas e información varia alojada en los recovecos del subconsciente.

Las ondas alfa producen estados mentales más activos, promoviendo la concentración y la productividad. Nos devuelven al momento presente e impulsan el pensamiento positivo, el estado de flujo, la relajación energética, la coordinación motora, la capacidad para la resolución de problemas, los estados de alerta, el aprendizaje, el compromiso con nuestro entorno y la destreza para enfrentarnos a tareas estresantes.

Las ondas beta tienen una frecuencia mucho mayor que cualquiera de las ondas mencionadas anteriormente. Estas ondas son las responsables de los estados de la conciencia cotidianos y potencian las habilidades cognitivas, el pensamiento lógico, así como la capacidad de prestar atención, de emitir juicios, de realizar actividades mentales y físicas, y de experimentar la propiocepción (la capacidad de sentir nuestra posición en el espacio). Podemos subdividir las ondas beta en tres categorías:

1. Beta uno: fase en la que absorbemos la nueva información y entramos en un estado introspectivo. En otras palabras, hacemos introspección.
2. Beta dos: esta fase se caracteriza por la potenciación del pensamiento lógico, la resolución activa de problemas, los altos niveles de energía, el rendimiento cognitivo de alto nivel y el compromiso.
3. Beta tres: fase caracterizada por el pensamiento complejo y unos niveles altos de excitación, ansiedad, estrés y agitación.

Y, finalmente, las ondas gamma son las ondas cerebrales con una frecuencia más alta y rápida. Relacionadas con la transmisión rápida y silenciosa de información, las ondas gamma propician los estados de concentración, amor, altruismo, virtudes positivas, percepción, mejora cognitiva, expansión de la conciencia, despertar espiritual y crecimiento personal. Sólo podemos acceder a este estado silenciando la mente, algo que sólo podemos conseguir a través de la meditación.

En un estudio publicado por *Frontiers in Behavioral Neuroscience*, diversos investigadores descubrieron que las personas con un menor índice de traumas infantiles mostraban un aumento significativo en la actividad de las ondas cerebrales delta, beta uno, beta dos, beta tres y gamma, así como una disminución significativa de la potencia de las ondas alfa. Estos datos se traducen en la siguiente hipótesis: las personas con un mayor grado de trauma tienen más dificultades para acceder a estados meditativos profundos y, por lo tanto, para alcanzar altos niveles de actividad mental y física. También presentan de forma natural unos mayores niveles de ansiedad, estrés y patrones de pensamiento negativos persistentes.[2] No es de extrañar que a algunas personas les cueste tanto meditar.

Son muchos los que se embarcan en la gran aventura del crecimiento personal y la manifestación de sus deseos sin haber hecho antes un trabajo de limpieza y liberación de los traumas y las creencias restrictivas que han ido acumulando a lo largo de los años. La mayoría de las personas que se saltan este paso importante suelen sorprenderse cuando no son capaces de atraer la abundancia a sus vidas y llegan a la conclusión de que el problema debe de estar en el proceso. En realidad, lo que les pasa es que padecen *traumatitis*, un trauma subconsciente persistente que lleva tanto tiempo activo que la persona que lo sufre ha llegado a acostumbrarse a él pese a no aportarle absolutamente nada en términos de crecimiento personal. Si no dejas ir este tipo de traumas, te costará mucho acceder a tu ser superior, si es que alguna vez lo consigues.

El estudio que hemos mencionado anteriormente demuestra la importancia de evitar este error tan común. Deja ir y sánate para atraer a tu vida cosas más importantes y mejores.

---

2. Koudelková, Zuzana & Strmiska, Martin: «Introduction to the identification of brain waves based on their frequency», MATEC Web of Conferences (2018).

2. Desconoces cómo acceder a los diferentes estados cerebrales para manifestar aquello que deseas

Meditar sin un propósito es como intentar cavar un hoyo sin una pala; es aburrido, confuso y, a pesar de todo el esfuerzo que conlleva, los resultados suelen ser decepcionantes. No tiene ningún impacto real en tu realidad. El mejor secreto que he aprendido tanto de mi maestro de meditación como de los libros sobre culturas ancestrales es utilizar diferentes técnicas de respiración en función de mis necesidades. Del mismo modo en que la ciencia demostró que Galileo tenía razón acerca del sistema solar, también ha demostrado que nuestros antepasados no se equivocaban respecto al uso de estas técnicas de respiración. Las técnicas en cuestión llevan utilizándose desde hace milenios, y ahora la ciencia ha demostrado que nos permiten acceder a estados cerebrales modificados mediante la alteración de las ondas cerebrales.

Al ser capaz de controlar el estado deseado de tus ondas cerebrales, sobre todo a través de la meditación, podrás desbloquear las capacidades que te permitirán crear la vida que deseas de forma consciente. Tras adquirir el conocimiento y entender la práctica, lo único que deberás hacer es repetirlo, repetirlo y repetirlo. Conviértete en un maestro accediendo a los diferentes estados cerebrales. Eso te permitirá alcanzar tus objetivos. Cerrar los ojos e *intentar meditar* sin un propósito específico no te llevará muy lejos; sin embargo, ahora que conoces los distintos tipos de ondas cerebrales que existen y los beneficios que tiene cada una de ellas, puedes combinar las técnicas de respiración y la meditación con el estado cerebral específico al que deseas acceder. Así funciona también mi método SMC: combinando la técnica de respiración adecuada con la meditación y el objetivo correcto logramos hacernos con el control del cuerpo y de la mente.

3. Te rodeas de las personas equivocadas

Muchas personas no son conscientes del efecto que la gente que les rodea tiene sobre su energía, pero, en realidad, somos un reflejo directo de las cinco personas con las que pasamos más tiempo. Es decir, nuestro jefe, los compañeros de trabajo, nuestros amigos, nuestra pareja y el núcleo familiar. Estas relaciones cercanas tienen una influencia directa en todos los aspectos de nuestra existencia: hábitos, intereses, aspiraciones, creencias, incluso ingresos. Para que tu vida sea como te la imaginas, para lograr alinear tus sueños con tu realidad, es importante que te rodees de una energía que esté en sintonía con tu visión. Tu grupo de apoyo personal debería transmitirte seguridad, fortaleza, inspiración y positividad.

El complejo funcionamiento tanto del cerebro como de las neuronas resulta fascinante. Las neuronas espejo, por ejemplo, nos permiten aprender a través de la imitación y comprender mejor el espectro de las emociones humanas. Son una parte esencial del cerebro humano que contribuyen en gran medida al éxito de nuestras relaciones sociales, educación y desarrollo. Desde muy temprana edad, aprendemos a través de la imitación. ¿Alguna vez has tenido ganas de bostezar después de ver bostezar a alguien? ¿O te has puesto a reír compulsivamente al oír a alguien soltar una carcajada? ¿O te has puesto triste al ver a alguien llorar o estar afligido pese a que tus circunstancias personales fueran totalmente normales? Pues las neuronas espejo son las responsables de todo eso. Si nuestra realidad es un reflejo de nuestra estructura interna, no es menos cierto que nosotros mismos somos un reflejo tanto de nuestro entorno como de las circunstancias. Por eso mismo es tan importante que te rodees de las personas adecuadas.

En un seminario dirigido por el Dr. Dawson Church, éste guio a un grupo de unas doscientas personas a un estado de meditación profunda mientras, en la parte posterior de la sala, dos neurocientíficos medían algunas de las ondas cerebrales de los participantes con la ayuda de un electroencefalograma (EEG). Algunos de los participantes tenían una dilatada experiencia meditando mientras que para otros era la primera vez que lo hacían. Los resultados fueron sorprendentes. Los investigadores descubrieron que las personas que nunca habían meditado antes eran capaces de entrar inmediatamente en un estado meditativo profundo imitando a los participantes experimentados. Mediante la emulación, no sólo aprendieron una nueva habilidad, sino que también fueron capaces de elevar su estado de conciencia y vivir una auténtica experiencia introspectiva.

Si te rodeas de personas altamente motivadas, positivas, abundantes y con una gran capacidad para hacer realidad sus deseos, es sólo cuestión de tiempo antes de que te conviertas en una de ellas. Si, por el contrario, tu círculo de relaciones está lleno de personas con una mentalidad negativa, basada en la escasez y centrada en los problemas, terminarás convirtiéndote exactamente en eso.

4. No estás captando las señales del Universo ni valoras las pequeñas cosas de tu realidad cotidiana

Seas o no consciente de ello, el Universo se comunica constantemente contigo. ¿Con qué frecuencia dirías que estás totalmente presente? ¿Total y absolutamente presente? ¿Te darías cuenta si el Universo te indicara con una señal que estás a punto de hacer realidad aquello que deseas? ¿Oirías la llamada del Universo si éste te pusiera a prueba para comprobar si realmente quieres manifestar tus sueños?

Muchas personas creen que, cuando piden algo, el Universo les responderá inmediatamente, pero las cosas no siempre son así. Presta atención a las pequeñas cosas que te rodean en este momento y ten en cuenta que *las coincidencias no existen*. ¿Qué te dicen esas pequeñas cosas acerca de tu realidad actual y del estado de los objetivos que deseas manifestar? Todo esto forma parte del proceso comunicativo con el Universo, por lo que debes aprender a captar este tipo de mensaje. Da gracias por tu situación actual y muéstrate receptivo ante cualquier señal que pueda enviarte el Universo, por aparentemente insignificante que ésta sea. Cuando empieces a percibir las señales, por fin entenderás la naturaleza de tu viaje, lo que te brindará las herramientas necesarias que te permitirán tomar mejores y más rápidas decisiones para poder hacer realidad tus deseos.

5. No estás lo suficientemente centrado en sentirte bien

Recuerda: atraemos lo que encarnamos. Por tanto, sentirse bien es esencial para atraer a nuestra vida mejores experiencias. A veces la gente se queda atrapada en las rutinas y los rituales y termina deambulando por la vida como un sonámbulo con la esperanza de materializar las cosas que más desea. Sin embargo, la conexión emocional con nuestro objetivo final es el aspecto más importante del proceso de manifestación. De hecho, investigadores de la Universidad de Harvard descubrieron que *ver* algo realmente y después *imaginarlo* activa las mismas zonas del cerebro. El Dr. Donald Hilton también explicó en 2014 que vivir una experiencia y visualizarla mentalmente tienen el mismo efecto.

La mente no sabe si lo que estás imaginando es real o no; por tanto, podemos sacar provecho de nuestra biología y engañar a nuestro cerebro haciéndole creer que ya estamos exactamente donde queremos estar. Por eso mismo es fundamental para el proceso de manifestación que fomentes las emociones positivas mientras meditas, visualizas, escribes en tu diario o realizas cualquier otra práctica consciente. No es suficiente ver la imagen mentalmente. La magia radica en el hecho de vivir una experiencia holística en la que participe todo el cuerpo, una experiencia que convenza al cerebro de que ya tenemos todo lo que deseamos.

Llena tus días con cosas, personas y lugares que te hagan sentir bien. Da las gracias con frecuencia, haz las cosas que te gustan a menudo, reserva un tiempo sagrado para ti todos los días y llena tu copa con todas las energías positivas que desees atraer a tu vida. ¡Al mal tiempo, buena cara!

Capítulo 14

Sanando al niño interior

La primera vez que oí hablar de la terapia del niño interior fue a través de Ho'oponopono, una antigua práctica hawaiana fundada por el Dr. Hew Len, quien logró curar a todo un pabellón de pacientes con diversos tipos de enfermedades mentales que no habían mostrado signo alguno de mejora sin siquiera visitar personalmente el hospital. Puedes leer más sobre este estudio en Internet, aunque es posible que ya conozcas la magia detrás de las terapias de Ho'oponopono. Fundamentalmente, consiste en expresar, sentir y repetir cuatro frases compuestas por las palabras más poderosas que existen:

Lo siento.
Por favor, perdóname.
Gracias.
Te quiero.

Cuando dices estas cuatro poderosas afirmaciones, sientes una sanación profunda y poderosa. Recuerda que tu viaje de sanación se propaga como un reguero de pólvora y enciende el proceso de sanación de muchas otras personas. El método funciona de la siguiente manera: mientras pronuncias estas cuatro frases, te desprendes tanto de los recuerdos que has ido acumulando desde tu infancia como de aquellos otros que has heredado de tus antepasados y que se refieren a cosas que ellos vivieron y que te pasaron a ti de forma inconsciente. Los recuerdos ancestrales son la razón por la que algunos niños tienen fobias aparentemente inexplicables a una edad temprana, como la fobia a las arañas, por ejemplo, a pesar de no haber tenido ninguna experiencia previa con la fuente de sus miedos. A menudo no es más que la manifestación física de un recuerdo ancestral transmitido. Una vez el niño aprende a sanar ese recuerdo y desprenderse de él, su vida puede experimentar una transformación radical.

Por supuesto, el proceso descrito anteriormente no es exclusivo de los niños. Los adultos pueden experimentarlo con la misma intensidad. Una vez sacamos a la superficie de la conciencia los recuerdos y traumas que llevamos dentro, despejamos el camino para la llegada de importantes cambios transformadores en nuestras vidas.

Conectar con mi niña interior cuando estaba inmersa en un gran sufrimiento y ansiedad representó para mí una experiencia transformadora. Hasta entonces no había sido capaz de establecer la conexión entre los traumas que había sufrido durante mi infancia con los comportamientos saboteadores que seguía aplicando en mis relaciones sentimentales. Alejar a mis parejas de mí y nunca sentirme lo suficientemente buena para ningún hombre eran las dos formas que tenía de mantener oculto el trauma de haber sido víctima de abusos sexuales durante la adolescencia. Nunca me planteé la posibilidad de que la herida siguiera abierta. Durante años, me esforcé por desprenderme de lo que sólo puedo describir como una de las experiencias más aterradoras de mi existencia. Hasta que comprendí que no es necesario olvidar; lo único que debes hacer es dejarlo ir.

Perdonar no es lo mismo que olvidar, y con cada nueva experiencia, tenemos que tomar una nueva decisión. ¿Vamos a seguir aferrándonos al trauma y dejar que siga saboteando nuestra realidad? ¿O vamos a dejarlo ir y así liberarnos de todo lo que nos une a la experiencia en cuestión?

Sanar a mi niña interior fue lo que me curó definitivamente, por eso estoy segura de que también puede ayudarte a ti a liberarte de un trauma profundamente arraigado o superar creencias restrictivas en torno al dinero, el amor, la salud o la confianza. Cuando logras sanar tu energía interna, y comprendes que lo que está en juego es algo mucho más grande que tú, descorres las cortinas y dejas entrar la luz de tu alma como el sol a través de la ventana.

Visitemos juntos a nuestro niño interior ahora mismo. Lee las instrucciones del ejercicio una o dos veces y, después, siempre y cuando te apetezca hacerlo, cierra los ojos y ponlo en práctica.

Imagina que tienes delante de ti la versión de ti mismo cuando eras niño. Imagínate a ti mismo a los seis o siete años. Dedica unos momentos a visualizarlo. Quiero que te mires a ti mismo atentamente. Aprecia la belleza inocente que tenías cuando eras niño: un alma pura, llena de amor, luz y risas, sin temores ni dudas aparentes, expresándote plenamente e irradiando tu luz al mundo. ¿Le dirías a ese niño que no es suficientemente bueno? ¿Que no se merece lo que le pasa? ¿Podrías decirle a ese niño pequeño que es un idiota? ¿Podrías decirle las cosas que a veces te dices a ti mismo? Corrígeme si me equivoco, pero creo que serías incapaz de tratarlo de una forma tan cruel. Sólo podrías tratar a esa pequeña versión de ti mismo con un amor incondicional, ¿verdad? Entonces ¿por qué no haces lo mismo contigo?

Ahora, cierra los ojos, ponte cómodo mientras mantienes recta la columna vertebral y pon ambas manos sobre el corazón (te recomiendo que pruebes el contacto directo con la piel). Ahora, háblale a tu niño interior. Inhala profundamente por la nariz y exhala enérgicamente por la boca mientras emites el sonido «ja», dejando que abandone tu cuerpo todo tipo de abatimiento. Repite esta dinámica respiratoria durante un par de minutos.

Encuentra la conexión con tu niño interior, la versión más pura de ti mismo. A medida que profundices, muéstrate receptivo y sé honesto con tus respuestas. Una vez hayas conectado con él, pregúntale si tiene algún mensaje para ti. Es posible que tarde un poco en responder. Dale tiempo. En algunos casos, puede que no responda durante las tres primeras repeticiones del ejercicio; en otros, la respuesta puede llegar inmediatamente. Una vez te haya contestado, quiero que le preguntes si le has hecho daño de alguna manera. Cuando te responda, no reacciones, simplemente acepta y escucha su respuesta. Ten paciencia contigo mismo y date la oportunidad de abrir tu corazón para recibir lo que venga.

Ahora, quiero que alargues la mano hacia tu niño interior y que le digas con dulzura: «Estoy aquí para ti. Quiero ayudarte». Sigue repitiendo esto hasta que sientas surgir las emociones dentro de ti: «Siento haberte hecho daño. Me perdono a mí mismo completamente. Me perdono por haber cometido dos veces el mismo error. Lo siento. Por favor, perdóname. Por favor, perdóname por hacerte daño y no escucharte. Prometo escucharte y honrarte de ahora en adelante».

Ahora abrázalo. Rodéalo con los brazos y dale un fuerte abrazo. Mientras lo abrazas, repite «gracias» cuatro veces. Asegúrate de que sepa lo agradecido que estás por su orientación. Finalmente, dile cuánto lo quieres y lo aprecias: «Te quiero. Te quiero. Te quiero». Es normal si te emocionas; es una buena señal. En el método de Ho'oponopono, nos desprendemos del dolor y el trauma a través de la exteriorización de las emociones. Estás aprendiendo a sanar a tu niño interior. Con la práctica conseguirás que tu niño interior esté siempre a tu disposición para guiarte, y su presencia será cada vez más evidente. Cuando oigas la vocecita de tu intuición, cuando sientas que tus emociones surgen del centro de tu ser, presta más atención que nunca. Ésa es la voz de tu niño interior.

Ésta puede ser una experiencia transformadora. Cuando estés completamente sano, todos los sufrimientos y traumas que has experimentado se desintegrarán en el éter. No quiero decir que vayas a olvidarlos, sino que lograrás perdonarlos y aceptar que ya no definen a la persona que eres ahora o a la que estás en proceso de convertirte. Estás destinado a ser algo mucho mayor que los límites que marcan tus experiencias pasadas. Aun así, permite que esas experiencias continúen ocupando un pequeño lugar en tu corazón para recordarte el camino menos transitado que estuviste dispuesto a recorrer para superar tus traumas y asumir tu destino. Concédete ese privilegio. Te lo mereces.

Conclusión

Cuando estamos a punto de llegar al final del sinuoso camino que hemos recorrido juntos a través de las páginas de este libro, me gustaría hacerte la pregunta más importante de todas. Ahora que ya sabes que tu mente no tiene límites, que conoces cómo dar forma a tu realidad a partir de una mentalidad abundante, ahora que ya sabes que puedes tenerlo *absolutamente* todo… ¿Quién eres? ¿A quién inspirarás? ¿A quién y qué representas? ¿Cuáles son tus valores? ¿Quién *crees* ser? ¿A quién encarnarás todos los días de tu vida a partir de este momento?

Visualiza tu respuesta. Siéntela en las fibras más profundas de tu ser. Sé tu yo futuro, ahora mismo y para siempre. Sé ese ser feliz y sano que ya ha ganado su primer millón, que tiene una hermosa familia con la que compartir su riqueza, que está ejerciendo un impacto positivo en el mundo, que es una continua fuente de inspiración para los demás, que dispone de los medios para ayudar a organizaciones benéficas de todo el mundo en causas realmente importantes, que ha alcanzado y superado todas sus metas profesionales. ¿Qué se siente al convertirte en la persona que siempre debiste ser?

Tienes todo lo que hay que tener para **convertirte en la mejor versión de ti mismo**. El futuro está en tus manos. Eres el autor de tu propia historia y, a partir de este momento, dirigirás la película de tu vida y te pondrás a ti mismo en el papel que deseas interpretar en este drama que llamamos vida. Esto es algo que no depende de nadie más, sólo de ti mismo en colaboración con el Universo. Permite que tu energía ilumine la conciencia colectiva.

Tu futuro aún está por escribir.

¿Cómo sigue la historia de tu vida?

¡Gracias por leer el libro!

DESCARGA REGALOS GRATIS

*Como agradecimiento por haber comprado y leído mi libro,
me gustaría ofrecerte algunos obsequios y material extra
(a tener en cuenta que están en inglés).*

**Para descargarlos, visita la página:
www.NatashaGraziano.com/Freegift**

*Si has disfrutado leyendo el libro y consideras que has obtenido
alguna enseñanza de él, te agradecería enormemente que publicaras
una reseña en la página web de tu librería favorita con tus impresiones.
Así es cómo se consigue que se hagan virales contenidos y conocimientos.
Cuando aprendemos cosas y las compartimos con los demás,
somos capaces de transformar muchas más vidas.*

*Gracias de antemano.
Te envío todo mi amor.
—Natasha*

Acerca de la autora

Natasha Graziano está considerada por la revista *Forbes como* la «mejor oradora motivacional de menos de 40 años». Natasha ayuda a que las personas desarrollen todo su potencial, lo activen y difundan su mensaje a través de las redes sociales.

Natasha ha escrito para la revista *Poosh*, propiedad de Kourtney Kardashian, ha aparecido varias veces en el *New York Times*, y actualmente es la *coach* de algunos de los famosos y empresarios más importantes del mundo. Sus más de 17 millones de seguidores en las redes sociales la convierten en una de las líderes de opinión más influyentes del panorama actual.

En 2018, pasó de ser una madre soltera arruinada y sin casa a transformar su vida completamente. Hoy en día es una autora de éxito que se dedica a dar charlas motivacionales, compartiendo escenario con personalidades de la talla de Gary Vaynerchuk, Tai Lopez, Grant Cardone, Tony Robbins o Mark Cuban.

Natasha es la presentadora del podcast *The Law of Attraction,* un programa con más de 100 millones de visitas y que a menudo figura entre los tres primeros puestos de los podcasts más escuchados de Apple en la categoría de Programas Educativos.

Contenido